FIDIC合同条件下工程项目管理与实践

胡鑫凡　著

黄河水利出版社
·郑州·

内容提要

本书以黄河小浪底水利枢纽工程国际合同管理为背景，结合作者参与的主要大中型水利水电工程项目建设管理实践经历，在FIDIC合同条件下，针对工程项目变更索赔问题的系统分析处理，探索变更索赔管理对项目合同工期和费用的影响分析评价方法，提出工程项目变更索赔管理处理的一般程序和方法，力求使工程变更管理评价规范、公平、科学、合理，确保项目功能和合同目标得以实现。

本书主要为大中型基础设施建设、水利水电工程项目建设管理人员提供技术借鉴；同时，可供项目业主、工程监理咨询、施工管理及相关专业人员阅读参考。

图书在版编目（CIP）数据

FIDIC合同条件下工程项目管理与实践/胡鑫凡著. 郑州：黄河水利出版社，2016.11

ISBN 978-7-5509-1573-2

Ⅰ.①F… Ⅱ.①胡… Ⅲ.①工程项目管理-研究 Ⅳ.①F284

中国版本图书馆CIP数据核字（2016）第267413号

组稿编辑：岳晓娟　电话：0371-66020903　E-mail：yuexiaojuan512@163.com

出 版 社：黄河水利出版社

地址：河南省郑州市顺河路黄委会综合楼14层　邮政编码：450003

发行单位：黄河水利出版社

发行部电话：0371-66026940、66020550、66028024、66022620（传真）

E-mail：hhslcbs@126.com

承印单位：郑州龙洋印务有限公司

开本：787 mm×1 092 mm　1/16

印张：11

字数：204千字　印数：1—1 000

版次：2016年11月第1版　印次：2016年11月第1次印刷

定价：30.00元

前　言

改革开放以来,我国基础设施建设领域全面引入项目法人业主负责制、项目招标投标制和建设监理制,水利水电工程建设项目从勘测设计、招标投标、施工建设、生产运行等方面进行了根本性改革。1984年首先在鲁布革水电站工程建设中,利用世界银行贷款引入竞争机制,部分工程建设项目实行国际竞争采购招标。水口水电站、二滩水电站、小浪底水利枢纽工程、江垭水库大坝等水利水电工程相继利用外资项目实行国际竞争性招标。通过这些国际工程项目的建设管理实践,按照国际惯例进行建设项目合同管理,在工程项目建设合同管理过程中积累了成功经验。按照FIDIC合同条件进行项目建设管理,对项目责任义务划分更加清晰,对项目进度、质量、费用、安全等过程控制更加有效,对取得的项目管理与控制的成功经验和教训更加细致地分析和总结,以便更好地应用于当前及今后的大中型基础设施建设和水利水电工程的项目建设合同管理。

本文以黄河小浪底水利枢纽主体工程全面应用FIDIC合同条件进行国际项目建设管理实践为背景,结合我国大中型水利水电工程国际招标项目建设管理实践,在FIDIC合同条件下,在项目合同管理过程中,对工程变更索赔问题如何进行分析处理;对工程变更引起项目工期和费用的变化如何进行分析评价等,探索对水利水电工程变更索赔管理方法,处理程序,提高工程项目管理水平。作者在乌江彭水水电站施工建设合同管理实施过程中,以FIDIC合同条件项目合同管理为基础,采用理论与工程项目管理实践经验相结合的方式,结合项目实施产生的工程变更等合同管理问题,提出变更相应分析评审处理程序和办法,使工程项目合同管理按照正常项目实施管理程序运行,使工程变更管理评审处理规范、有序、受控,使项目合同目标得以实现。同时,按照国际惯例,采用实物量法对水利水电工程进行概算编制,对实施项目管理费用控制等方面予以说明,以便在今后我国水利水电工程建设项目管理工作中,参建单位能够科学、客观、公正、合理地进行项目合同管理与变更索赔评审管理,尽可能减少在合同履约过程中因工程变更处理不当而引起合同争议和索赔。

本书主要是为大中型基础设施建设和水利水电工程项目建设进行合同管

理,尤其对工程变更管理提供技术借鉴;同时为项目建设业主和项目咨询监理人员在项目合同执行过程中解决合同争议和索赔,科学进行项目建设工期和成本管理,实现项目建设合同目标,避免或降低经济损失提供参考;对承包商在施工过程中加强合同管理也具有实际参考价值。

作　者

2016 年 8 月

目　录

符号对照表

FIDIC——国际咨询工程师联合会
EPC——项目设计、采购、施工总承包合同
FOB——离岸价格
CIF——到岸价格
BOQ——工程量清单
WBS——项目结构分解
OBS——项目组织结构分解
TC——总费用
DC——工程直接费用
IC——工程间接费用
ICF——间接费用系数
DRB——争议纠纷评审小组
ES——最早开工时间
LS——最晚开工时间
EF——最早完工时间
LF——最晚完工时间

第1章 绪 论

1.1 背 景

当前我国建筑业市场已形成项目法人业主负责制、工程建设招标投标制、工程建设监理制的基本格局。随着我国加入WTO,国际金融资本和相关产业的国外咨询管理机构及国际承包商参与我国建设市场,同时,我国实施走出去战略进入国际基础设施建设市场参与项目建设和技术咨询管理工作。因此,我国的基本建设体制必须进行改革,建设项目管理体制必须尽快与国际惯例接轨。按照国际通行的FIDIC合同条件,我国颁布实施的《中华人民共和国招标投标法》和相关项目建设合同条件,规范项目业主和承包商的权利、义务与风险。结合中国实施"一带一路"战略规划,中国制造、中国建造、中国标准和中国技术咨询项目管理全面走向国际市场,全面实行工程建设监理咨询管理机制,全面监督管理工程建设合同的履行与实施。

工程项目建设合同管理的核心,是监督管理项目合同双方全面实施和履行合同权利、义务和责任。项目合同履约各方按照设计要求使项目全周期、全过程实现合同标的,即项目合同范围、合同工期、合同目标所涉及的工程进度、质量、费用及安全等目标控制与管理。工程变更索赔管理是项目合同管理的重要环节,成功与否直接影响项目建设目标的实现。工程变更一般自项目合同开始履行即产生,项目合同完工而终结,发生于项目生命周期过程中。所以,大中型基础设施项目建设过程中工程变更是客观存在的。科学、公正、合理地进行工程变更评估分析与科学决策,对于调节合同双方的风险利益分配,控制工程项目的进度、质量与费用目标,具有十分重要的使用价值和现实意义。如果事先不对工程变更进行认真评估,或在合同管理过程中对变更处理不当,最终可能导致工期失控,费用超概算,甚至可能将变更演变成巨大索赔,业主、国家将蒙受莫大的经济损失,达不到项目合同管理的预期目标。

工程变更产生与变更处理是工程建设过程中最常见、最普遍的合同管理事项。准确、及时、公正、科学、合理地进行工程变更评审处理,对确保工程项目建设的程序化、规范化、正常化施工,合理调整业主与承包商双方之间的风险责任和合同利益分配,全面实现合同工期和投资目标具有重大的现实意义。通过本书的研究，初步建立项目建设管理关于工程变更处理的工作程序，对于进行项目开发与项目建设管理者，或直接从事工程建设、项目咨询监理的工程师，处理类似合同问题提供了有效的解决方法和手段。

1.2　工程项目管理的现状与发展

1.2.1　综述

在工程项目全生命周期管理过程中，基础设施工程项目建设管理过程中常常由于对工程合同理解不同、对工程合同范围定义不清而引起争议，对工程变更处理的不当导致工程延期的事例不胜枚举。由于变更处理不当导致项目不能继续履行而半途而废；有不少项目不能完全达到设计功能和生产能力。由于这些原因给国家、投资方、项目业主造成巨大的经济损失。据不完全统计分析，除项目业主资金有的不能及时到位可能影响项目合同中间支付进度外，绝大多数项目管理是因为合同实施过程中产生的工程变更处理不当所致，或工程变更处理不及时引起双方争议。所以，客观科学、公正合理、准确及时地进行工程变更评价及处理，对科学地进行工程项目建设合同管理，确保工程合同目标实现至关重要。

经济发达国家法律规范对工程建设变更事件的处理是按照国际惯例和合同条件依法依规进行协商处理，由合同约定的第三方进行全面合同分析评估、计算分析、处理。所以，经济发达的国家对工程变更的管理机制较为健全。

目前，国际工程项目关于工程费用分析计算理念和计算手段上与国内不一样，关键点是采用实物量法，即按照项目建设条件、施工难度、施工工艺水平和现场实施的人力、设备、材料平均实际耗费量进行实测统计、分析计算，而不是按照政府行业颁发的行业定额进行计算。

本书研究的重点是在工程项目管理过程中如何科学地进行工程变更处理。研究的出发点是基于 FIDIC 合同条件下，按照国际惯例采用工程实物量法进行工程费用单价分析计算。同时按照合同条件，对工程产生的变更所使用的外币与当地货币（人民币）分析计算其相关变更费用。结合作者参与的在建水利水电工程项目建设变更管理实践进行应用分析研究和总结。

工程项目建设管理合同相关方越来越注重于工程变更对项目的进度、质量、费用及目标影响和控制方法的研究，努力克服变更对项目合同目标的影响，避免昂贵的、费时的索赔和无休止的争议纠纷，达到合同双方共赢的目的。从目前情况来看，工程变更影响的定量化分析研究和控制管理手段的探索还是有限的、不完整的。尽管如此,工程项目管理领域从变更的产生开始,贯穿整个项目生命周期,合同双方就从来没有间断过对变更的关注和研究,在美国、欧洲等发达国家有很多的项目管理研究机构和研究人员致力于工程变更管理的研究分析。

国外发达国家如美国的建筑业避免和解决争议纠纷的 DRB 任务小组在 1995 年初步估计:美国每年发生的工程变更费用大约有 600 多亿美元,而且肯定还有更多的变更间接费用发生。同年,美国的建筑业研究所专门任命一批工程变更管理人员定量化地研究工程变更对项目的影响和变更本质,提出了许多建设性的变更管理方法,这些方法有助于业主和承包商更好地进行工程变更管理。

对于公共投资项目和基础设施项目建设管理,政府建立了严格的变更确认和检查程序。1997 ~2002 年的五年内,美国的西雅图市准备投资 1.9 亿美元,用于改善城市基础设施项目和增建新的公用基础设施。西雅图市城市建设审计师办公室认为工程变更费用一般占初始合同价格的 10% ~25%,变更对合同价格的影响较大,于是城市建设审计师办公室专门检查和评估政府各部门在建设过程中的变更管理水平。

自从 1984 年鲁布革水电站工程第一个实施竞争性国际招标采购和应用 FIDIC 合同条件进行工程项目建设合同管理以来,我国相继有一批大中型水利水电工程全面实行国际竞争性招标,主要有水口水电站工程、二滩水电站国际工程、小浪底水利枢纽工程、江垭大坝国际工程、万家寨引黄入晋工程等,这些项目部分利用外资,按照国际惯例基本建立了项目法人制、招标投标制和建设监理制。按照国际惯例,项目业主与承包商之间引进第三方监理工程师,按照国际通行的 FIDIC 合同条款进行工程建设过程的合同管理。这些工程建设体制的改变,标志着我国大中型基础设施建设由计划经济时代全面转向市场化竞争。2000 年 1 月 1 日我国颁布实施《工程招标投标法》,将建设项目法人制、建设监理制和招标投标制的基本建设体制以法律的形式进行了相应的规定。从此,工程项目建设纳入有序化、规范化、法制化轨道管理。

1.2.2 工程项目建设合同管理现状及发展

1.2.2.1 工程项目建设合同管理现状

我国水利水电工程建设项目从工程设计、项目招标投标、工程施工建设严格按照政府基本建设程序进行。项目合同条款实行项目合同管理,项目业主、设计人、监理人、承包商、设备制造商各方责、权、利明确,但往往从工程勘测设计到建设实施,项目建设的条件、外界环境条件,图纸与现场实际情况均会发生变化,不会完全一致。即自合同签订之日起合同双方所承担的所有风险总是随合同条件的变化而变化,项目生命周期实施过程始终处在一种动态变化过程之中。当合同的三大目标即工程进度、质量和费用控制目标发生了偏移,需要按照实际情况与合同条件,及时、合理、准确地进行合同目标纠偏,调整合同双方的利益再分配。这些项目目标的实施过程纠偏、项目风险、利益的合理调整的前提是在双方必须共同遵守的合同基本条件下进行的。

由于项目业主与承包商就某一项目之间均存在合同条件的约束,双方为了项目合同目标的实现而各自承担合同规定的相应责任和义务。项目合同目标主要包括项目合同进度、合同金额和质量等。如果合同实施过程中某些客观条件发生改变,或导致风险发生转移,则合同一方为了确保原合同目标的实现,必须及时进行目标纠偏,甚至采取资源调整重组。通常,为了保持合同目标或纠偏,合同履约方即项目承包商则必须相应调整人力、设备、材料等资源的配置。显然,合同另一方即项目业主则应予以合理补偿,体现合同的公平原则。

另一个关键环节是这些合同条件发生变化的信息采集、原始记录凭证保持的确认,必须通过合规程序进行审查确认才能具有合法、有效性。影响项目增加资源重组配置的量化指标与记录,需要委托进行项目合同管理的第三方即《招标投标法》规定的监理工程师(Engineer),对变更产生的原因进行分析判定。对实施变更的资源投入的记录进行审查确认,以及对合同目标(主要对项目进度、质量、费用)的影响进行科学、公正的评价,项目监理工程师应及时组织予以评审确认,这就是工程建设项目合同管理过程的实质内容。

1.2.2.2　工程项目建设合同变更

1.变更的因素

工程项目建设合同条件产生变更的因素有很多,诸如水文气象条件、地形地质条件等的改变;合同规定的业主供应条件的改变,包括场地条件、交通条件、材料设备采购供应条件,以及水、电、通信供应条件;设计变更等。由于合同客观条件的改变直接影响承包商履约合同目标的实现,使实现合同目标的风险发生转移,或者项目业主为追求项目建设最大利益化,不同意改变合同原目标要求,使承包商不得不调整改变人力、设备、材料等资源的配置,显然合同履约的承包方的利益受到了影响。这些构成合同要素条件的改变的原始凭证只有通过第三方——项目合同管理者监理工程师全过程进行监控管理,同步进行记录确认。这种过程记录凭证有了公正合法监证,项目合同履约的双方才可能被接受。由于变更的实施对合同利益受到影响的一方给予了合理的补偿,项目建设的合同目标才可能得到顺利的实现。否则,将导致索赔事件的发生。

工程变更索赔率即变更索赔补偿价值与合同价值之比的大小,一定程度上反映该工程项目的勘测设计水平和建设管理水平的高低。项目前期勘测的精度、工程设计阶段设计精度和施工图设计深度与质量是确保工程造价的关键。工程前期勘测精度十分重要,地形测绘精度,工程地质勘探手段与勘探成果分析,包括重大工程地质问题分析,是项目设计的基础工作。如地形测绘精度不够,则设计工程量计算误差将增大,势必造成项目实施阶段因工程量的增减引起重大工程变更。地质勘探深度不够,可能引起重大设计方案的修改,客观上造成工程变更索赔的基本条件导致合同工期延长,投资突破,项目合同目标不能实现。在相同的条件下,有经验的项目业主或合格的项目管理机构,首先必须在设计输入之前,组织专家对前期勘测成果进行评审,强化设计过程控制管理,增强项目实施过程合同管理的力度,加强施工合同管理,对该工程项目可能的工程变更与索赔的风险进行预测分析评估,提出防范措施及具体的对策,则可使其业主损失降低到最小的范围之内。在合同的约定范围内实现预期的合同目标。

工程项目合同的另一个衡量指标,工程变更索赔获得率(变更索赔获得的金额与申请金额之比)的高低反映了该单位管理水平的高低。如变更索赔获得率高,说明该单位管理水平高,基础工作扎实,充分运用合同和法律手段,取得良好的经济效益。

2. 变更的分类

工程变更,不是指对项目合同发生实质性改变,而是指 FIDIC 合同条件中明确叙述和水利水电施工合同条件所指的变更范围。

索赔,是指合同双方因一方违约或未履行其合同规定的义务责任而应承担的风险,而使另一方利益遭受损失,则受损方向责任方索取费用和工期补偿的事件。工程变更是索赔的原因。

索赔的分类如下:

(1)以索赔的对象划分:①因承包者违约造成工程质量缺陷,因承包商原因造成工期延误和损害业主的设备等,使业主受损,业主向承包者提出违约索赔(一般称为反索赔);②因业主违约或非承包商的责任而造成承包者受损,承包者向业主提出索赔(一般称为索赔)。

(2)以索赔的内容划分:①受损方要求费用索赔;②受损方要求工期补偿;③受损方要求工期与费用索赔。

项目合同履约过程中,工程变更往往伴随着索赔。由于工程实施中出现的意外合同事件是多种多样的,有的事件的发生究竟是属于变更范畴,还是属于索赔范畴,往往一时很难确定,工程变更常常伴随着索赔事件。例如,因设计变更而增加工程量或工程项目,直接影响到原合同工期目标。虽然变更工程量按合同规定应该予以支付,承包方有权向业主提出延长工期的要求,即产生工期索赔补偿。又如,设计变更引起工程量的增加,业主要求履行原合同工期不能变,承包方为此要求增加资源投入,提出费用索赔。再如,有时设计变更或业主要求减少工程量和工程项目,承包方因人员窝工,施工设备闲置,引起承包商利润减少而提出费用索赔。因此,对变更索赔的风险分析时必须进行综合分析。

一般地,FIDIC合同条件下的项目建设施工阶段发生的工程变更事件主要有以下方式:

(1)增加或减少合同中任何一项工作内容。

(2)增加或减少合同中任何项目的工程量超过专用合同条款规定的百分比。

(3)取消合同中任何一项工作。

(4)改变合同中任何一项工作的标准或性质。

(5)改变工程建筑物的形式、基线、标高、位置或尺寸。

(6)改变合同中任何一项工程的完工日期或改变已批准的施工顺序。

(7)追加为完成工程所需的任何额外工作。

FIDIC合同条件下索赔事件的发生主要有:

(1)不可抗力,如工程项目实施期间发生飓风、暴雨、超标准洪水、地震等自然灾害或战争、动乱等社会因素。

(2)因设计精度不够,设计方案发生重大改变、增加或减少工程量和工程项目。

(3)业主未履行合同规定的义务和责任,主要表现在以下几个方面:

①施工征地未按合同文件规定时间完成。

②未按合同文件规定按时提供业主供应条件。

③未按时提供合同文件中规定提供的特定的施工设备,或有质量缺陷。

④未按时提供合同文件中规定由业主提供的主要工程材料、永久设备或有质量缺陷。

⑤业主未按合同文件规定及时供水、供电、提供对外交通条件。

⑥业主未按合同文件规定及时提供施工图纸等技术供应条件。

⑦因业主的责任或意外(雷击、飓风等)造成承包商停水、停电。

⑧业主未按合同文件规定向承包方提供施工场地和生活场地。

⑨业主未按合同文件规定支付工程价款。

(4)业主指令暂停或提前某项施工工作。

(5)业主指令因施工需要提前拆迁大型施工机械或临建设施。

(6)各标段间的施工干扰。

(7)业主要求合同工程项目提前移交并占有。

(8)因承包方责任未按期完成形象面貌进度,而最终未按期完工。

(9)因承包方责任,工程质量有缺陷(工程质量有缺陷指工程验收时发现不合格,虽经返工还达不到技术指标要求,但结构稳定,不影响其基本功能)。

(10)其他违约。

引发施工变更导致索赔的原因很多,一般可归纳为以下几种:

(1)合同风险转移引起的索赔。

合同风险转移引起的索赔包括合同风险、政治风险、物价风险。如物价暴涨、恶劣的自然条件、超标准洪水、施工现场环境条件改变、货币汇兑风险、法规变化等。由于在业主和承包商之间,业主始终处于强势主导地位,承包商承担的风险相对要多一些,所以往往是承包商提出施工索赔,业主组织反索赔。

小浪底工程由于相关后继法规的颁布、税制改革的影响导致的索赔事件比较多。后继法规是指合同签订后国家及有关部门新颁布的与工程建设相关的法律、法规。小浪底工程主体工程 1994 年 5 月发布监理工程师开工令,中标单位承担黄河小浪底工程大坝、发电厂房和泄洪建筑物的 3 个主体土建国际承包商开始进场全面施工。1995 年国家颁布实施新的《中华人民共和国劳动法》,明确规定法定工作时间由原来每周 6 天改为 5 天,并且对加班时间也做了相应限制。因此,施工合同履行后法定工作时间的改变以及加班工资标准的变化引起承包商的成本增加而索赔。外国承包商认为由于新工时制和加班工作时间的限制,合同进度计划的编制基础依据发生了改变,缩短了承包商在投标书中计划的工作时间,影响了工程进度计划的实施。如果要按合同进度计划履约,外商提出必须增加施工人员,从而相应增加临建设施规模,或者给予工期延长。如果要保持原计划的工作目标不变,就必须补偿承包商因增加人力资源,以及提高加班工资标准而引起的额外费用。

小浪底工程合同管理过程中因后继法规的颁布实施而使合同依据的基础条件发生改变,依据 FIDIC 合同条件,对由于后继法规的颁布实施而产生的工期补偿费用分析评价处理是一个典型的法规依据变更影响处理案例。监理工程师以事实为依据经过取证分析计算,因法定工作时间的改变,承包商为实现合同进度计划目标必须增加人力资源或延长工期,由此带来的额外费用增加或由此提出的费用补偿是合理的,给予了外商适当补偿。

我国经济体制在由计划经济逐步向市场经济体制转变的过程中,进行了费改税等税制改革,既有税种、税率的增减,也有相互转换和变更,或者税种变化及几个税种的合并,小浪底工程涉及并引起外商索赔的主要原因是合同中规定的增值税、消费税和印花税的改变。由于税法政策性强、涉及面广,与国家财政、税务政策密切相关。在处理影响合同单价时,学习了解掌握有关政策法规,以理服人地与外国承包商进行谈判,既要尊重合同事实,又要维护国家利益。

(2)施工条件变化引起索赔。

在工程施工过程中,不可避免地出现新的变化,水电工程施工条件的改变是十分常见的,尤其是设计必须依据工程地质条件的变化而变更。水利水电工程建设周期长,特别是像小浪底这样的大型工程,往往由于工程前期经费投入有限,勘测手段、技术落后,目前的勘探技术和精度不可能达到完全直观地揭露地质面貌条件。工程设计首先是建立在勘测所获得的工程地质基础条件上的,由于小浪底复杂的地质条件和紧凑集中的结构布置形式,就使得施工中设计变更不可避免。

一般地,水利水电工程设计是一个不断优化、不断完善的随揭露的地质条件变化而不断改变的动态设计优化过程。FIDIC 合同条件下国际竞争性招标,外国承包商的报价是以招标设计文件和图纸为基础计算的。经过资格预审的投标人依据同一合同条件和报价依据基础。根据合同条款,施工图纸中改变任何工作的数量或性质,或增加、减少或省略了任何工作,或者改变了工程任何部分的施工顺序或施工安排,都将形成工程变更。若此类变更影响了承包商的工期和费用,按照 FIDIC 合同条件的约定承包商要求重新估价,并伴随工期延长的补偿索赔。小浪底工程比较典型的是二标的新增进出口边坡锚索、三标地下厂房新增顶拱预应力锚索等。

(3)工程量增减变化太大引起索赔。

由于现状地形条件的改变,实际施工时完成的工程量往往与设计工程量有较大出入。第 4 版《FIDIC 合同条件》第 52.3 条款明确规定,当项目合同价变更增减超过 15% 时,允许对有效合同价进行调整。引起合同价变化的原因就是工程量变化和项目合同单价的修正改变。承包商通常提出以下 3 个方面的经济补偿:

①由于项目合同工程量的增减超过合同的规定,承包商按合同投标时施工机械设备的配置不合理或造成资源不合理闲置,或施工设备不配套等延误施工进度造成的损失。由于承包商在投标时,采用合同文件中招标图纸和所述的工作量和施工要求,确定相应配备的施工设备的数量、规格和型号,并按此组织订货、进场。如果由于合同条件的改变导致工程量发生大量增加或减少,势必要求增加新型号的施工机械,或增加原有机械设备的数量,或闲置部分机械设备,这就引起承包商的计划外投资,扩大了工程计划成本,或导致成本增加。如果工程量大量削减,则引起部分原有设备的窝工,甚至弃置不用,形成了浪费,导致承包商亏损。同样,工程量的变化,还使承包商已采购订货进场的建筑材料的数量变化,导致承包商成本增加引起索赔。

②由于工程量变化引起的原定工期的变化,从而引起工期延长或赶工,涉及

工程费用的增加，要求补偿而索赔。

③由于上述两种情况直接费用的影响，施工间接费用也发生了变化，从而引起索赔。

(4)因外界条件影响施工延期引起索赔。

在大中型水利水电工程施工中，由于天气、水文、地质等影响，施工遭遇超标准洪水等延期工程的因素较多。承包商认为合同约定的外界条件发生改变将责任推向业主，当承包商额外的开支得不到补偿时，引起索赔，包括工期延长索赔。工期拖期分为可原谅的延期和不可原谅的延期，工程师的职责是对承包商提出的工期延误和费用进行合理的分析，把可原谅延期产生的费用计算出来。

(5)由于工期延期加速施工引起的索赔。

当工期延期后，业主认为该工程工期目标的推迟完工将造成重大的经济损失时，或由于分部工程工期推迟，未能实现合同约定的中间完工日期导致一系列后续工程的相应延期时，监理工程师经业主确认要求承包商可采用赶工的措施，指示承包商投入更多的人力、设备，或采取加班施工措施，挽回已延误的工期。当然，这会引起承包商的补偿索赔。小浪底工程二标泄洪建筑物处在关键线路上的导流洞、进水口、出水口工程，由于修改了支护形式、导流洞内因地质原因塌方频繁，以及其他原因，致使工期滞后10个多月，业主为了确保不改变截流日期，给承包商下达了赶工指示，外国承包商因此提出了巨额赶工费用补偿索赔。

(6)业主提供条件发生改变引起索赔。

如业主违约、未按规定时间提供施工场地、不按规定日期支付工程款等。外国承包商提出这类索赔：一是项目业主不能依据合同按时办理征地提供施工场地，直接影响项目工期；二是业主提供的条件如供水、供电，或由业主指定的当地材料如粉煤灰、油料等在质量、数量上不能满足要求。此类索赔所占的比重很小，监理工程师一般要求承包商出具详细的支持性文件方可进行计量支付。

发生以上工程变更，必须按照合同约定的程序进行变更签发，承包商严格按照变更指令进行变更实施，现场有完整的变更实施记录，或者经合同外第三方专业从事项目合同管理的监理工程师进行了取证、见证，进行了全过程控制并验收确认，一个重要的程序就是对这些工程变更可能引起的工期和费用的变化进行科学合理的评估，并能为项目合同双方所接受。严格按照正常程序实施的变更一般是不会产生合同争议的。合同管理过程应该对变更实施一方给予合理补偿。

由于水利水电工程不同的工程项目所设计规划的建筑功能、规模、形式均不一样，每一个工程项目建设的施工条件、环境不尽相同，如对外交通条件、施工供水条件、施工供电条件、施工通信条件、施工场地条件均不尽相同。每一项目合同约定的条件和合同目标也不尽相同，工程变更出现的内容与形式可能完全不同。目前，大中型水利水电工程工程变更十分普遍，但是还没有形成客观、公正、科学的评价体系，当前大中型建设项目合同管理过程中处理工程变更的方式也不尽相同。

在小浪底主体国际工程建设合同管理过程中，通常由设计人将工程变更通知发至项目业主单位，由业主登记转发至项目监理机构。一般由项目总监理工程师组织项目主管工程师和合同管理工程师进行变更技术评估及变更费用评估，包括变更可能带来的工期影响、费用影响和质量影响。通过监理工程师进行认真分析，并将评估意见反馈给业主。当业主认为变更带来的工期和费用的变化是可以接受的，项目总监理工程师将签发变更指令给承包商，由承包商按照变更指令要求实施变更。

但是，大中型基础设施建设项目合同管理中对于十分重要的工程变更评审程序，目前国内工程建设管理中普遍做得不够完善，原因包括：第一，从事项目建设管理的参建各方思想认识与重视不够；第二，缺乏有效的变更评审手段与工具；第三，缺乏变更评审的依据，主要是变更产生的原因不清楚，变更实施过程取证不及时、原始记录不健全；第四，变更管理机制不健全，没有建立客观、公正、科学、有效的变更评审机制。

费用索赔的原因是由于合同实施过程中合同施工条件发生了改变，导致承包商遭受了额外的费用支出，变更是索赔的原因。工程变更管理问题是要研究分析究竟使用什么手段或工具进行变更费用与工期影响分析评价和判定，改变这种条件的起因是什么，引起变更责任属于合同的哪一方，应该由谁承担变更责任，谁应该得到额外补偿，如何衡量评估计算补偿的数额。

(1)工程量变更增加。主要包括设计变更、工程师指令变更、可推定性变更、不可预见性变更，合同范围以外的变更引起工程量的增减。

(2)加速施工产生的额外费用。承包商在实施变更过程中可能由于人力、材料、设备的调整，提出工期与费用的补偿要求，监理工程师应认真进行取证并进行评估分析，将承包商的这种补偿要求报告给项目业主，业主表示完全接受，监理工程师按照变更合同条款进行支付，则变更处理完毕。一般地，项目业主对合同实施过程中发生的变更事件需要进一步评估，承包商提出的工期费用要求对费用控制目标的影响，如业主不能全部接受，即产生合同争议。合同双方当事人对变更事件处理出现较大的偏差，这时，介于合同实施管理的第三方——监理工程师在大量的现场调查取证和计算分析的基础上对可能产生的工期与费用的影响作出全面科学的评价，并进行新一轮的沟通与协调，争议调解工作。以上这些工作过程，是处理合同变更解决索赔争议的关键步骤，是项目合同管理的核心内容。

3. 变更的评估处理

工程变更评估处理主要体现在以下方面:

(1)工期不变时,如何进行费用计算补偿。

(2)工期调整、资源配置调整,补偿费用如何计算。

变更补偿划分为无争议变更补偿与有争议变更补偿。其中,有争议变更补偿是合同管理的难点,如果不能提出有效的支持性文件,不能客观公正地进行变更评价处理,将可能转变为索赔事件。

目前国内对变更处理尤其有关工期和费用的补偿计算问题,往往还不能进行及时跟踪分析,科学量化处理。既有变更管理的机制问题,也有变更评估处理的技术问题。

在工程建设管理过程中,由于业主总是处在强势地位,在对待合同双方可能涉及的利益时,业主可能不能如期履约甚至违约,通常表现为:

(1)合同生效后业主不能及时或拖延支付工程进度款,导致合同工期延长。

(2)未经双方协商同意,业主单方面指定、转让合同内容,导致承包商不能接受遭受损失。

(3)现场施工条件与合同中业主提供条件不符,致使承包商正当利益受到损害。如对外交通及场内交通条件、供水供电条件、场地提供条件、业主采购供应条件等与合同有较大改变,影响合同工期和合同目标的顺利实现。

基础设施工程项目建设管理过程中常常由于对工程变更处理的不当导致工程延期的事例不胜枚举,有很多项目半途而废、质量低劣、不能达到设计生产能力,给国家造成巨大的经济损失。除业主资金不能及时到位影响支付外,绝大多数是因为工程变更处理不当或处理不及时所引起的。所以,客观、科学、合理、及时、公正地进行工程变更评估及处理,对工程建设合同进行科学管理,确保合同目标实现至关重要。

国外先进国家对工程建设变更事件的处理,按照国际惯例和合同条件由第三方进行全面评估计算、分析、处理,对工程变更的管理机制较为健全。

目前,国外关于工程费用分析计算,在手段上与国内不一样,关键点是采用实物量法,即按照项目建设条件、施工难度、施工工艺水平和现场实施的人力、设备、材料平均实际耗费量进行实测统计、分析计算,而不是按照颁发的行业定额进行计算。

目前国内所形成的实际执行使用的行业定额,完全是计划经济时代的产物,是国家行业部门进行项目投资审批和控制的依据和工具。代表行业劳动生产率平均水平的定额应该是一个宏观控制的依据,但是定额所采用的指标修订慢,更新周期长，数据有效性和合理性与实际脱节，行业之间定额不统一，容易形成行业垄断或部门保护，与开放的市场经济环境和竞争机制极不协调。而且，定额所采用的指标数据来源失真，与实际劳动生产力水平不吻合。由于现存定额具有强制性，合同各方按照规定，必须按照定额进行单价分析和费用计算，所以，计算的基础基本相同，不能真正引进竞争机制，不能体现优胜劣汰，不能体现具有不同竞争力的企业实力，促进整个社会的日益进步和发展。因此，在国际建筑市场和国内建筑市场竞争中，施工承包企业投标不能仅依据行业定额进行费用估算和报价。

(1)每一项目条件不尽相同，定额界定的条件不能包罗万象，导致计算分析结果可能与实际不符。

(2)开放的市场经济条件下，建筑材料随市场价格变化而变化，施工设备价格随市场价格变化而变化，因此，构成费用单价的材料单价和设备台时单价也相应进行变化。

(3)《中华人民共和国招标投标法》的颁布实施，基本建设项目全面引入竞争机制，所以，参与项目竞争的承包商，根本不可能按照定额参与市场竞争。

(4)由于定额修订更新周期长，与开放、变化的市场不匹配。

(5)定额与经济一体化不相容，不符合国际惯例。对我国今后参与国际建筑市场竞争十分不利。

本书研究的变更处理出发点是：在FIDIC合同条件下，按照国际惯例采用工程实物量法进行工程费用单价分析计算，同时按照合同条件，对工程产生的变更所使用的外币与当地货币(人民币)对比，分析计算其相关变更费用。

在当前国内工程建设管理过程中，对工程项目合同进度－费用联合管理的研究，还没有权威的核心期刊和文献可供参考。《中国网络计划技术大全》等文献主要介绍工程进度－费用问题的种类及解决办法、基本概念，都未把合同进度－费用联合管理应用到施工项目实施的全过程中去进行详细研究。但对时间－费用进行了综合分析，并把它归纳为线性、非线性递增、线性加非线性递增和离散型等四大类基本问题。《网络－费用的联合管理》(《系统工程理论与实践》1995年第6期)提出了进度、资源、费用的综合研究，把资源纳入进度－费用联合管理的研究范围内，但本质上仍把资源折算成费用，从而简化为进度－费用的综合进行处理。但是文献阐述的是对网络计划技术在工程管理中的应用趋势进行理论技术探讨，并未深入结合具体的工程项目实际应用。

依据FIDIC合同条件，研究当地货币和外币条件下的工程建设合同管理过程中的工程变更评价处理的方法与手段，在国内还没有先例。

1.3 FIDIC 施工合同条件

1.3.1 FIDIC 施工合同条件综述

国际咨询工程师联合会于 1957 年首次出版《FIDIC 土木工程施工合同条件》,第 2 版于 20 世纪 60 年代中期发行,第 3 版于 1977 年全面修订出版发行,第 4 版根据发展中国家的项目建设,并广泛征求雇主和承包商以及金融机构和法律人士的意见,于 1987 年修编出版发行。国际咨询工程师联合会 1999 年结合不同施工条件出版了 4 种新的合同标准的格式,经过国际咨询工程师联合会和中国工程咨询协会共同编译,2002 年 5 月在我国发行了《FIDIC 施工合同条件》中文版和英文版。我国利用国际金融组织和国外商业贷款项目,按照国际惯例采用 FIDIC 合同条件进行国际竞争性采购招标和建设合同管理。

(1)《施工合同条件》适用于雇主或其代表工程师设计的建筑或工程项目。这种合同通常是由承包商按照雇主提供的设计进行工程施工的。但该工程可以包含由承包商设计的土木、机械、电气和(或)构筑物的某些部分。

(2)《生产设备和设计 - 施工合同条件》适用于电气和(或)机械设备供货和建筑或工程的设计与施工。这种合同通常是由承包商按照雇主要求,设计和提供生产设备和(或)其他工程,可以包括土木、机械、电气和(或)构筑物的任何组合。

(3)《设计采购施工(EPC)/交钥匙工程合同条件》适用于以交钥匙方式提供工厂或类似设施的加工或动力设备、基础设施项目或其他类型开发项目,这种方式项目的最终价格和要求的工期具有很大程度的确定性,由承包商承担项目的设计和实施的全部责任,雇主介入很少。交钥匙工程通常是由承包商进行全部设计、采购和施工(EPC)提供一个配备完善的设施,“转动钥匙”时即可运行。

(4)《简明合同格式》适用于资本金额较小的建筑或工程项目。根据工程的类型和具体情况,这种格式也可用于较大资本金额的合同,特别是适用于简单或重复性的工程或工期较短的工程。这种合同通常是由承包商按照雇主或其代表(如果有)提供的设计进行工程施工。这种合同格式也可适用于包括或全部由承包商设计的土木、机械、电气和(或)构筑物的合同。

1.3.2 FIDIC 施工合同条件

最新出版的 FIDIC 合同条件,不是在原有合同条件的基础上修改,而是进行了重新编写，合同条件见数目统一整合为 20 条。其中，《施工合同条件》（用于由雇主设计的建筑和工程）20 条 163 款详细的规定，在合同履行过程中遇到诸如场地、材料、设备、开工、停工、延误、变更、索赔、风险、质量、计量、支付、违约、争议、仲裁等各种问题时，合同双方的权利、义务以及工程师进行合同管理的职责和权限。

FIDIC 合同条件的标准格式能较好的适应和满足项目建设合同管理的客观要求，能合理平衡有关参建各方与雇主和承包商之间的要求和利益，公平地规范和调整合同各方之间的风险利益分配和合同责任。FIDIC 合同条件的科学性和公正性已被许多国家的雇主和承包商所接受，同时又被一些国家政府机构和国际性金融组织所认可，被称作土木工程国际通用合同条件，而根据工程项目的特殊性对其中的某些条款进行具体规定和修改，称为特别合同条件。通过与原版 FIDIC 施工合同条件对比，新版 FIDIC 施工合同条件在结构、布局和措辞等方面做了重大的修改，统一了条款、定义和措辞，结构更加简化、内容更加简洁，阐述更加清晰；把相关相近内容合并到一个条款中，避免了原 FIDIC 条件中相近的内容出现在不同的条件中，查阅和理解更为方便，便于实际操作使用；同时，结合多年来不同地区不同项目建设管理的实践，所取得的经验增加了争端裁决委员会的有关条款。

我国加入 WTO 以后，进一步引进和吸收国际项目建设管理市场的新的管理技术和经验，在近二十年的大规模基础设施建设和水利水电开发建设过程中，参照 FIDIC 合同标准格式，根据我国水利水电建设的特点，编制出版了《水利水电土建工程施工合同条件》（GF—2000—0208）。新版 FIDIC 施工合同条件与原 FIDIC 施工合同条款在水利水电土建工程施工合同条件方面的对比，如表 1-1 所示；新版 FIDIC 施工合同条件与现行水利水电工程施工合同条件中的内容对比，如表 1-2 所示。

表 1-1　新版 FIDIC 施工合同条件与原 FIDIC 施工合同条款对比

新版 FIDIC 施工合同条件			原版 FIDIC 施工合同条款
款号	条款分类	条款内容	条款内容
1	一般规定	1.1 定义 1.2 解释 1.3 通信交流 1.4 法律和语言	1.1 定义 1.2 标题与旁注 1.3 解释 1.4 单数和复数

续表 1-1

新版 FIDIC 施工合同条件			原版 FIDIC 施工合同条款
款号	条款分类	条款内容	条款内容
1	一般规定	1.5 合同优先次序 1.6 合同协议书 1.7 利益转让 1.8 文件的照管和提供 1.9 延误的图纸或指示 1.10 雇主使用承包商文件 1.11 承包商使用雇主文件 1.12 保密事项 1.13 遵守法律 1.14 共同的和各自的责任	1.5 通知、同意、批准、证书及决定 5.1 语言和法律 5.2 合同文件的优先次序 6.1 图纸和文件的保存和提供 6.2 工地保留一套复制图纸 6.3 打乱进度 6.4 图纸延误及误期的费用 6.5 承包商未能提交图纸 7.1 补充图纸和指示 7.2 由承包商设计的永久工程 7.3 批准不影响责任 26.1 遵守法令法规
2	雇主	2.1 现场进入权 2.2 许可、执照或批准 2.3 雇主人员 2.4 雇主的资金安排 2.5 雇主的索赔	19.2 业主的责任 69.1 业主的违约
3	工程师	3.1 工程师的任务和权力 3.2 由工程师托付 3.3 工程师的指示 3.4 工程师的替换 3.5 确定	2.1 工程师的责任和权力 2.2 工程师代表 2.3 工程师授权的权力 2.4 任命助理 2.5 书面指示 2.6 工程师公正地工作 68.1 给承包商的通知
4	承包商	4.1 承包商的一般义务 4.2 履约担保 4.3 承包商代表 4.4 分包商 4.5 分包合同权益的转让 4.6 合作 4.7 放线 4.8 安全程序 4.9 质量保证	3.1 转让分包 4.1 分包 4.2 分包商义务的转让 8.1 承包商总的责任 8.2 工地作业和施工方法 9.1 合同协议书 10.1 履约保证书 10.2 履约保证书的有效期 10.3 履约保证项下的索赔

续表 1-1

新版 FIDIC 施工合同条件			原版 FIDIC 施工合同条款
款号	条款分类	条款内容	条款内容
4	承包商	4.10 现场数据 4.11 中标合同金额的充分性 4.12 不可预见的物质条件 4.13 道路通行权和设施 4.14 避免干扰 4.15 进场道路 4.16 货物运输 4.17 承包商设备 4.18 环境保护 4.19 电、水和燃气 4.20 雇主设备和免费供应的材料 4.21 进度报告 4.22 现场保安 4.23 承包商的现场作业 4.24 化石	11.1 查勘工地 12.1 标书的完整性 12.2 不利的自然障碍或条件 13.1 按合同施工 14.1 应提交的施工计划 14.2 修改计划 14.3 应提交的资金流动估算 14.4 不免除承包商的责任和义务 15.1 承包商的管理 16.1 承包商的雇员 17.1 放线 18.1 钻孔和勘探开挖 19.1 安全、警卫和环境保护 27.1 化石 29.1 对交通和毗邻财产的干扰 30.1 避免对道路的损坏 30.2 承包商设备和临时工程的运输 30.3 材料或永久工程设备的运输 30.4 水运 31.1 为其他承包商提供机会 31.2 供其他承包商使用的设施 68.1 给业主和工程师的通知 69.2 撤走承包商设备
5	指定的分包商	5.1“指定的分包商”的定义 5.2 反对指定 5.3 对指定的分包商付款 5.4 付款证据	59.1“指定分包商”的定义 59.2 指定分包商，对指定的反对 59.3 明确规定设计要求 59.4 对指定分包商的付款 59.5 对指定分包商的付款凭单
6	员工	6.1 员工的雇用 6.2 工资标准和劳动条件 6.3 为雇主服务的人员 6.4 劳动法 6.5 劳动时间 6.6 为员工提供设备 6.7 健康和安全 6.8 承包商的监督 6.9 承包商人员 6.10 承包商人员和设备的记录 6.11 无序行为	34.1 劳务和职员的雇用 35.1 劳务和承包商设备的报表 45.1 工作时间限制 63.1 承包商违约

续表 1-1

新版 FIDIC 施工合同条件			原版 FIDIC 施工合同条款
款号	条款分类	条款内容	条款内容
7	生产设备、材料和工艺	7.1 实施方法 7.2 样品 7.3 检验 7.4 试验 7.5 拒收 7.6 修补工作 7.7 生产设备和材料的所有权 7.8 土地(矿物)使用费	28.2 土地使用费 36.1 材料、永久工程设备和操作工艺的质量 36.2 样品的费用 36.3 试验费用 36.4 未规定的试验的费用 36.5 工程师对未规定的试验的决定 37.1 检查作业 37.2 检查和试验 37.3 检查和试验的时间 37.4 拒绝 37.5 独立检查 38.1 覆盖前的工程检查 38.2 剥露和开孔 39.1 拆除不合格的工程、材料或永久工程设备 54.1 工程专用的承包商设备、临时工程和材料 54.4 承包商设备的再出口 54.5 租用承包商设备的条件 54.6 为条款 63 的目的开支的费用 54.7 本条款编入分包合同 54.8 不表示对材料的批准
8	开工、延误和暂停	8.1 工程的开工 8.2 竣工时间 8.3 进度计划 8.4 竣工时间的延长 8.5 当局造成的延误 8.6 工程进度 8.7 误期损害赔偿费 8.8 暂时停工 8.9 暂停的后果 8.10 暂停时对生产设备和材料的付款 8.11 延长的暂停 8.12 复工	40.1 工程的暂时停工 40.2 暂时停工后工程师的决定 40.3 暂时停工持续 84 天以上 41.1 工程开工 43.1 竣工时间 44.1 竣工时间的延长 44.2 承包商提交统治并提供详细情况 44.3 延期的临时决定 46.1 进度

续表 1-1

新版 FIDIC 施工合同条件			原版 FIDIC 施工合同条款
款号	条款分类	条款内容	条款内容
9	竣工验收	9.1 承包商的义务 9.2 延误的试验 9.3 重新试验 9.4 未能通过竣工验收	20.1 工程的照管 20.2 补救损失或损坏的责任
10	雇主的接受	10.1 工程和分项工程的接受 10.2 部分工程的接受 10.3 对竣工试验的干扰 10.4 需要复原的地表	48.1 验收证书 48.2 工程的部段或部分工程的验收 48.3 部分工程的实际竣工 48.4 需要恢复的地表
11	缺陷责任	11.1 完成扫尾工作和修补缺陷 11.2 修补缺陷的费用 11.3 缺陷通知期限的延长 11.4 未能修补缺陷 11.5 移出有缺陷的工程 11.6 进一步试验 11.7 进入权 11.8 承包商调查 11.9 履约证书 11.10 未履约的义务 11.11 现场清理	32.1 承包商保持工地整洁 33.1 完工时的现场清理 42.1 占用土地和通往工地的道路 42.2 未提供占用 42.3 道路通行权和设施 49.1 维修期 49.2 完成未完工作和维修 49.3 维修的费用 49.4 承包商未执行指示 50.1 承包商的调查
12	测量和估价	12.1 需测量的工程 12.2 测量方法 12.3 估价 12.4 删减	55.1 工程量 56.1 工程量测 57.1 量测方法 57.2 总价项目分解
13	变更和调整	13.1 变更权 13.2 价值工程 13.3 变更程序 13.4 以适用货币支付 13.5 暂定金额 13.6 计日工作 13.7 因法律改变的调整 13.8 因成本改变的调整	51.1 变更 51.2 变更的指示 52.1 变更的估价 52.2 工程师确定单价的权力 52.3 超过百分之十五的变更 52.4 计日工 58.1 暂定金额的定义 58.2 暂定金额的使用 58.3 出示凭证 68.3 地质的变更 70.1 费用的增加 79.2 继后的立法

续表 1-1

新版 FIDIC 施工合同条件			原版 FIDIC 施工合同条款
款号	条款分类	条款内容	条款内容
14	合同价格和付款	14.1 合同价格 14.2 预付款 14.3 期中付款证书的申请 14.4 付款计划表 14.5 拟用于工程的生产设备和材料 14.6 期中付款证书的颁发 14.7 付款 14.8 延误的付款 14.9 保留金的支付 14.10 竣工报表 14.11 最终付款证书的申请 14.12 结清证明 14.13 最终付款证书的颁发 14.14 雇主责任的中止 14.15 支付的货币	47.1 拖期赔偿金 47.2 拖期赔偿金的减少 54.3 结关 60.1 月付款清单 60.2 按月付款 60.3 支付保留金 60.4 付款凭单的修改 60.5 竣工时付款的清单 60.6 最终付款清单 60.7 清偿欠款 60.8 结算证书 60.9 业主义务的终止 60.10 支付时间 61.1 仅凭支付证书批准 62.1 维修证书 62.2 尚未履行的义务 69.3 终止时的付款 71.1 货币限制 72.1 兑换率 72.2 货币的比例 72.3 支付暂定金额的货币
15	由雇主终止	15.1 通知改正 15.2 由雇主终止 15.3 终止日期时的估价 15.4 终止后的付款 15.5 雇主终止的权利	39.2 承包商履约时违约 63.2 终止之日的估价 63.3 终止后的支付 63.4 协议权益的转让 64.1 紧急处理 65.8 合同终止后的付款 66.1 合同中途停止后的付款
16	由承包商暂停和终止	16.1 承包商暂停工作的权利 16.2 由承包商终止 16.3 终止工作和承包商设备的撤离 16.4 终止时的付款	69.4 承包商暂停工作的权利 69.5 复工
17	风险与责任	17.1 保障 17.2 承包商对工程的照管 17.3 雇主的风险 17.4 雇主风险的后果 17.5 知识产权和工业产权 17.6 责任限度	20.1 工程的照管 20.2 补救损失或损坏的责任 20.3 由于业主的风险造成的损失或损坏 20.4 业主的风险 28.1 专利权 54.2 业主对损失不负责任

续表 1-1

新版 FIDIC 施工合同条件			原版 FIDIC 施工合同条款
款号	条款分类	条款内容	条款内容
18	保险	18.1 有关保险的一般规定 18.2 工程和承包商设备的保险 18.3 人身伤害和财产损害险 18.4 承包商人员的保险	21.1 工程及承包商设备保险 21.2 保险的范围 21.3 对未赔偿金额的责任 21.4 保险不包括的项目 22.1 人身和财产的损伤 22.2 例外 22.3 业主赔偿 23.1 第三方保险 23.2 最低保险金额 23.3 交叉责任 24.1 工人的事故或伤亡 24.2 工人意外险 25.1 保险证据和项目 25.2 保险的充分性 25.3 承包商未办保险的弥补方法 25.4 遵守保险条款
19	不可抗力	19.1 不可抗力的定义 19.2 不可抗力的通知 19.3 将延误减少到最小的义务 19.4 不可抗力的后果 19.5 不可抗力影响分包商 19.6 自主选择终止、付款和解除 19.7 根据法律解除履约	65.1 承包商对特殊风险没有责任 65.2 特殊风险 65.3 特殊风险对工程造成的损坏 65.4 炮弹、导弹 65.5 因特殊风险而增加的费用 65.6 战争的爆发 65.7 合同终止后承包商设备的撤离
20	索赔、争端和仲裁	20.1 承包商的索赔 20.2 争端裁决委员会的任命 20.3 对争端裁决委员会未能取得一致 20.4 取得争端裁决委员会的决定 20.5 友好解决 20.6 仲裁 20.7 未能遵守争端裁决委员会的决定 20.8 争端裁决委员会任命期满	53.1 索赔通知 53.2 当时记录 53.3 索赔的证实 53.4 未遵守规定 53.5 索赔的付款 67.1 工程师的决定 67.2 友好解决 67.3 仲裁 67.4 未执行工程师的决定

表 1-2　新版 FIDIC 施工合同条件与现行水利水电工程施工合同条件内容对比

新版 FIDIC 施工合同条件			现行水利水电施工合同条件
款号	条款分类	条款内容	条款内容
1	一般规定	1.1 定义 1.2 解释 1.3 通信交流 1.4 法律和语言 1.5 合同优先次序 1.6 合同协议书 1.7 利益转让 1.8 文件的照管和提供 1.9 延误的图纸或指示 1.10 雇主使用承包商文件 1.11 承包商使用雇主文件 1.12 保密事项 1.13 遵守法律 1.14 共同的和各自的责任	1 词语含义 2 语言文字和法律 3 合同文件的优先次序 8 联络 9 图纸
2	雇主	2.1 现场进入权 2.2 许可、执照或批准 2.3 雇主人员 2.4 雇主的资金安排 2.5 雇主的索赔	4 发包人的一般义务和责任 42 发包人违约
3	工程师	3.1 工程师的任务和权力 3.2 由工程师托付 3.3 工程师的指示 3.4 工程师的替换 3.5 确定	7 监理人和总监理工程师
4	承包商	4.1 承包商的一般义务 4.2 履约担保 4.3 承包商代表 4.4 分包商 4.5 分包合同权益的转让 4.6 合作 4.7 放线 4.8 安全程序 4.9 质量保证 4.10 现场数据 4.11 中标合同金额的充分性 4.12 不可预见的物质条件 4.13 道路通行权和设施 4.14 避免干扰	5 承包人的一般义务和责任 10 转让 11 分包 12 承包商的人员 13 承包商的人员管理 16 交通运输 29 文明施工 30 环境保护 55 纳税 56 严禁贿赂 57 化石和文物 58 专利技术 59 承包人的合理化建议

续表 1-2

新版 FIDIC 施工合同条件			现行水利水电施工合同条件
款号	条款分类	条款内容	条款内容
4	承包商	4.15 进场道路 4.16 货物运输 4.17 承包商设备 4.18 环境保护 4.19 电、水和燃气 4.20 雇主设备和免费供应的材料 4.21 进度报告 4.22 现场保安 4.23 承包商的现场作业 4.24 化石	
5	指定的分包商	5.1“指定的分包商”的定义 5.2 反对指定 5.3 对指定的分包商付款 5.4 付款证据	11.2 发包人指定分包人
6	员工	6.1 员工的雇用 6.2 工资标准和劳动条件 6.3 为雇主服务的人员 6.4 劳动法 6.5 劳动时间 6.6 为员工提供设备 6.7 健康和安全 6.8 承包商的监督 6.9 承包商人员 6.10 承包商人员和设备的记录 6.11 无序行为	12 承包人的人员
7	生产设备、材料和工艺	7.1 实施方法 7.2 样品 7.3 检验 7.4 试验 7.5 拒收 7.6 修补工作 7.7 生产设备和材料的所有权 7.8 土地(矿物)使用费	14 材料和工程设备的提供 15 承包人材料和设备的管理 22 质量检查的职责和权利 23 材料和工程设备的检查检验 24 现场试验 25 隐蔽工程和工程的隐蔽部位 26 不合格的工程、材料和工程设备的处理
8	开工、延误和暂停	8.1 工程的开工 8.2 竣工时间 8.3 进度计划 8.4 竣工时间的延长 8.5 当局造成的延误	17 进度计划 18 工程开工和完工 19 暂停施工 20 工期延误 21 工期提前

续表 1-2

新版 FIDIC 施工合同条件			现行水利水电施工合同条件
款号	条款分类	条款内容	条款内容
8	开工、延误和暂停	8.6 工程进度 8.7 误期损害赔偿费 8.8 暂时停工 8.9 暂停的后果 8.10 暂停时对生产设备和材料的付款 8.11 延长的暂停 8.12 复工	
9	竣工验收	9.1 承包商的义务 9.2 延误的试验 9.3 重新试验 9.4 未能通过竣工验收	52 完工验收 53 工程保修 54 完工清场撤退
10	雇主的接受	10.1 工程和分项工程的接受 10.2 部分工程的接受 10.3 对竣工试验的干扰 10.4 需要复原的地表	52 完工验收
11	缺陷责任	11.1 完成扫尾工作和修补缺陷 11.2 修补缺陷的费用 11.3 缺陷通知期限的延长 11.4 未能修补缺陷 11.5 移出有缺陷的工程 11.6 进一步试验 11.7 进入权 11.8 承包商调查 11.9 履约证书 11.10 未履约的义务 11.11 现场清理	53 工程保修
12	测量和估价	12.1 需测量的工程 12.2 测量方法 12.3 估价 12.4 删减	27 测量放线 31 工程计量
13	变更和调整	13.1 变更权 13.2 价值工程 13.3 变更程序 13.4 以适用货币支付 13.5 暂定金额 13.6 计日工作 13.7 因法律改变的调整 13.8 因成本改变的调整	39 变更 40 备用金 37 物价波动引起的价格调整 38 法规变更引起的价格调整

续表 1-2

新版 FIDIC 施工合同条件			现行水利水电施工合同条件
款号	条款分类	条款内容	条款内容
14	合同价格和付款	14.1 合同价格 14.2 预付款 14.3 期中付款证书的申请 14.4 付款计划表 14.5 拟用于工程的生产设备和材料 14.6 期中付款证书的颁发 14.7 付款 14.8 延误的付款 14.9 保留金的支付 14.10 竣工报表 14.11 最终付款证书的申请 14.12 结清证明 14.13 最终付款证书的颁发 14.14 雇主责任的中止 14.15 支付的货币	32 预付款 33 工程进度付款 34 保留金 35 完工结算 36 最终结清
15	由雇主终止	15.1 通知改正 15.2 由雇主终止 15.3 终止日期时的估价 15.4 终止后的付款 15.5 雇主终止的权利	60 合同生效和终止
16	由承包商暂停和终止	16.1 承包商暂停工作的权利 16.2 由承包商终止 16.3 终止工作和承包商设备的撤离 16.4 终止时的付款	19 暂停施工
17	风险与责任	17.1 保障 17.2 承包商对工程的照管 17.3 雇主的风险 17.4 雇主风险的后果 17.5 知识产权和工业产权 17.6 责任限度	47 工程风险
18	保险	18.1 有关保险的一般规定 18.2 工程和承包商设备的保险 18.3 人身伤害和财产损害险 18.4 承包商人员的保险	48 工程保险和风险损失的补偿 49 人员的工伤事故 50 人身和财产的损失 51 对各项保险的要求

续表 1-2

新版 FIDIC 施工合同条件			现行水利水电施工合同条件
款号	条款分类	条款内容	条款内容
19	不可抗力	19.1 不可抗力的定义 19.2 不可抗力的通知 19.3 将延误减少到最小的义务 19.4 不可抗力的后果 19.5 不可抗力影响分包商 19.6 自主选择终止、付款和解除 19.7 根据法律解除履约	47 工程风险
20	索赔、争端和仲裁	20.1 承包商的索赔 20.2 争端裁决委员会的任命 20.3 对争端裁决委员会未能取得一致 20.4 取得争端裁决委员会的决定 20.5 友好解决 20.6 仲裁 20.7 未能遵守争端裁决委员会的决定 20.8 争端裁决委员会任命期满	43 索赔 44 争议调解 45 友好解决 46 仲裁或诉讼

FIDIC 合同条件的变更及索赔合同条款汇总如表 1-3 所示。

表 1-3 FIDIC 合同条件的变更及索赔合同条款汇总

序号	合同条款号	索赔条款主题内容
1	6.3	施工图纸拖期交付
2	12.2	不利的自然条件
3	17.1	因工程师数据差错,放线错误
4	18.1	工程师指令钻孔勘探
5	20.3	业主的风险及修复
6	27.1	发现化石、古迹等建筑物
7	31.2	为其他承包商提供服务
8	36.5	进行试验
9	38.2	揭示剥露或凿开
10	40.2	中途暂停施工
11	42.2	业主未能提供现场
12	49.3	要求进行修理

续表 1-3

序号	合同条款号	索赔条款主题内容
13	50.1	要求检查缺陷
14	51.1	工程变更
15	52.1	变更指令付款
16	52.3	合同额增减超过 15%
17	65.3	特殊风险引起的工程破坏
18	65.5	特殊风险引起其他开支
19	65.8	终止合同
20	69	业主违约
21	70.1	成本的增减
22	70.2	法规变化
23	71	货币及汇率变化

变更是索赔的原因，但变更无法协调时就上升为索赔或纠纷。分析对比工程变更与索赔之间的关联，如表 1-4 所示。

表 1-4　工程变更与索赔之间的关联

编号	比较项目	变更	索赔
1	含义	是为了使工程顺利进行而采取的一种工程措施，同时对合同价格与工期产生相应影响	是承包商依据法律与合同的规定对并非由于自己过错，并且属于应由业主承担责任的情况所造成的实际损失或额外费用请求补偿的要求
2	目的	为了保证工程的顺利实施，不中断合同实施	获得经济或时间的补偿
3	费用组成	补偿的费用包括净成本、管理费、利润、担保和保险等；工程变更的直接费和间接费之和	索赔费用一般是承包商实际发生的费用，除因变更引起的索赔可计利润外，其他类型的索赔不能计利润

续表 1-4

编号	比较项目	变更	索赔
4	价格计算	合同范围内变更和分类参照合同单价规定,工作范围外的变更重新估价分析	直接费用按实际记录发生的计算,其他费用以直接费用为基础取费率计算
5	合同价格影响	不一定变更增加合同价格,根据变更性质可能调整合同价格	索赔会增加业主的费用,而且会发生与工程成本无关的一些诉讼、仲裁费用
6	控制力	先分析发生变更原因,变更各方对变更的调整取得一致后才能进行变更程序,变更具有更多主动性	事实发生后,承包商才要求业主对损失的补偿,是先事实后谈判,因此索赔是以事实为依据的
7	控制程序	合同规定变更确认程序(主动变更与被动变更)	合同规定索赔程序(索赔通知)
8	协商难易	变更各方协调可达成一致意见,因为变更所涉及的项目一般是可以证明和计量的具体项目,例如新增的锚索等	索赔各方矛盾尖锐难以达成一致,大多需要仲裁或法院介入,因为索赔的一些项目很难计量,如效率损失的索赔,延误影响索赔
9	时间性	变更事实的申请具有实效性(7天内提出,14天确认)	索赔事实的通知和证据的提出具有时效性(28天)
10	目标影响	会影响项目目标的实现,合同风险可比索赔小	对合同目标控制风险大
11	两者关系	变更是索赔的原因,但变更无法协调时就上升为索赔或纠纷	

综上所述,大中型基础设施项目建设管理过程中的工程变更与索赔几乎是不可避免的,而公正、科学地处理索赔与变更是一件极为棘手的合同管理核心事件。监理工程师应坚持以事实为依据、以合同为准绳的原则,积极主动地分析了解,做好索赔记录,本着公正、科学的原则,及时、迅速处理变更及索赔文件,做好工程项目索赔和变更的管理工作,公正地维护合同双方的利益,实现工程项目建设合同管理目标。

第 2 章　FIDIC 合同条件下的工程变更管理研究

2.1　FIDIC 合同条件下的工程变更处理程序

2.1.1　变更的产生

工程变更,不是指对项目合同发生实质性改变,而是指 FIDIC 合同条件中明确叙述和水利水电施工合同范本所指的变更范围。

工程项目建设合同条件产生变更的因素有很多,如水文气象条件、地形地质条件等的改变;合同规定的业主供应条件的改变,包括场地条件、交通条件、材料设备采购供应条件,以及水、电、通信供应条件等;设计变更等。

一般地,FIDIC 合同条件下的工程建设项目施工阶段产生的工程变更事件主要有以下几种方式:

(1)增加或减少合同中任何一项工作内容。

(2)增加或减少合同中任何项目的工程量超过专用合同条款规定的百分比。

(3)取消合同中任何一项工作。

(4)改变合同中任何一项工作的标准或性质。

(5)改变工程建筑物的形式、基线、标高、位置或尺寸。

(6)改变合同中任何一项工程的完工日期或改变已批准的施工顺序。

(7)追加为完成工程所需的任何额外工作。

基于合同工程量清单产生以上形式的任何改变,均将形成工程变更。水利水电工程出现工程变更是十分普遍的,所以,科学分析、客观评价工程变更对合同工期和工程费用的影响,对工程项目建设合同管理至关重要,对合同工期与投资控制合同目标的实现具有十分重要的现实意义。

2.1.2　变更的分类

工程项目建设合同管理实施过程中根据变更的提出一般可划分为设计变更

和变更设计。

设计变更为主动变更,如设计方案改变、设计图纸内容的修正,设计图纸的调整,业主提出某些方案的改变委托设计单位提出变更。

承包商提出的局部方案性变更,由于建设条件的改变必须相应变更设计或由于地形、地质条件变化等需要进行设计调整引起的变更是一种建设客观条件的改变需要变更设计,这些变更的提出需要经设计单位确认。

FIDIC合同条件下的项目建设合同管理实施,所有工程变更文件必须经监理工程师评审确认作出变更决定,由监理工程师签发变更实施指令。FIDIC合同条件下国际招标工程的项目合同实施阶段,原则上应尽量减少设计变更,以便承包商提出高额的索赔。但在施工过程中,由于地形地质和其他客观条件的变化,施工详图阶段改变某些设计是常有的事。

在主动变更中,业主能掌握主动权,分析探索此种情况的处理措施比较周全,承包商通常会提出业主可以接受的价格,处理起来相对简单。

由于建设条件的改变,客观地形地质条件的改变等原因引起承包商被动的变更,是承包商难以准确预见的,往往需要改变承包商的计划,对合同工期产生一定影响,是承包商要求索赔补偿的理由,这主要发生在基础处理、土石方开挖、岩石支护等部位。黄河小浪底工程导流洞开挖遇到不良地质条件的处理是Ⅱ标承包商要求工期和费用索赔补偿的主要原因。

工程建设本身是一个动态变化的过程,受各种要素的制约,产生变更是十分常见的、不可避免的事件。科学、及时地进行工程变更评价处理是工程建设项目合同管理的重要内容。

2.1.3　变更的评价分析

在合同实施过程中,针对项目实施过程中出现的工程变更,监理工程师首先应对变更性质进行分析。在工程变更的评价审查过程中应本着控制投资、保证质量、确保进度、提高效益的原则来确定工程变更的必要性与可行性。

工程变更评价的基本原则:

(1)工程变更为工程项目建设的必需。

(2)工程变更技术上可行。

(3)工程变更对合同管理目标的影响分析评价。

工程变更评价的基本内容:

(1)工程变更产生的原因分析。

(2)工程变更的性质确定。

(3)工程变更的必要性与可行性评价分析。

(4)工程变更对合同工期的影响评价分析。

(5)工程变更对项目合同费用的影响评价。

2.1.4 变更对合同单价或合价的影响

在合同实施管理过程中,按照施工合同条件实施进行的任何一项变更,导致该合同工程或分部工程的施工程序和合同进度计划发生实质性变动,由于实施进行的任何一项变更足以影响该工程项目和合同工程量清单中的细目发生改变,或以致影响合同工程量清单中其他细目的单价或合价时,发包人和承包人均有权要求调整本项目和其他项目的单价或合价,监理人应与发包人和承包人分析评审协商确定。

在实际工程项目建设管理过程中,变更引起合同工程量清单细目发生改变的事件不胜枚举。由于招标阶段作为报价的工程量清单每一项目工程量实际是一个不确定内容,从某种意义上说它仅仅作为竞争报价的平等条件。水电工程进入实施阶段,实际地形地质条件总是会与设计图纸有偏差,存在工程量清单项目的改变是难以避免的,当产生变更使得项目合同单价或合同价构成影响时,应按照合同规定的程序进行相应调整。

项目建设合同管理过程中产生的变更需要调整合同价格时,按以下原则确定其单价或合价。

(1)合同《工程量清单》中有适用于变更工作的项目时,应采用该项目的单价。

(2)合同《工程量清单》中无适用于变更工作的项目时,则可在合理的范围内参考类似项目的单价或合价作为变更估价的基础,由监理人与承包人协商确定变更后的单价或合价。

(3)合同《工程量清单》中无类似项目的单价或合价可供参考,则应由监理人与发包人和承包人协商确定新的单价或合价。

2.1.5 合同价格增减超过15%

工程项目合同进入完工结算时,若出现合同价格增减超过15%,按照FIDIC合同条款52.3款和水利水电工程施工合同条件第39条规定进行的全部变更工作引起合同价格增减的金额,现场实际工程量与合同《工程量清单》中估算工程量的差值引起合同价格增减的金额(不包括备用金和第37条、第38条规定的价格调整)的总和超过合同价格(不包括备用金)的15%时,除按第39.6款确定的变更工作的增减金额外,若还需对合同价格进行调整,其调整金额由监理人与发包人和承包人协商确定。若协商后未达成一致意见,则应由监理人在进一步调查工程实际情况后提出调整意见,征得发包人同意后将调整结果通知承包人。上述调整金额范围仅考虑变更引起的增减总金额以及实际工程量与本合同《工程量清单》中估算工程量的差值引起的增减总金额之和超过合同价格(不包括备用金)的 15% 的部分进行调整。

2.1.6　承包人原因引起的变更

(1)若承包人根据工程施工的需要,要求监理人对合同的任一项目和任一项工作作出变更,则应由承包人提交一份详细的变更申请报告报送监理人审批。未经监理人批准,承包人不得擅自变更。

(2)承包人要求的变更属合理化建议的性质时,应按合同条款 59 条的规定处理。

(3)由于建设条件的改变,施工程序必须进行相应的调整变更,产生这些变更必须经监理工程师进行评审分析后作出变更决定。

(4)根据合同约定承包人违约或其他由于承包人原因引起的变更,其增加的费用和工期延误责任由承包人承担。

2.1.7　变更决定

(1)监理人应在收到承包人变更报价书后 28 天内对变更报价书进行评价审核,作出变更决定,并通知承包人。

(2)发包人和承包人未能就变更监理人的决定取得一致意见,则监理人可暂定他认为合适的价格和需要调整的工期,并将其暂定的变更处理意见通知发包人和承包人,此时承包人应遵照执行。对已实施的变更,监理人可将其暂定的变更费用列入合同规定的月进行付款中。但发包人和承包人均有权在收到监理人变更决定后的 28 天内要求按合同条款的规定提请争议调解组解决,若在此期限内双方均未提出上述要求,则监理人的变更决定即为最终决定。

(3)在紧急情况下,监理人向承包人发出的变更指示,可要求立即进行变更工作。承包人收到监理人的变更指示后,应先按指示执行,再按合同规定向监理人提交变更报价书,监理人则仍应按本款(1)、(2)项的规定补发变更决定通知。

(4)变更对合同工期的影响。通过对工期的影响评价认为变更需要延长工期时,应对工期的影响进行具体计算分析,并按相应合同条款的规定处理;若变更使合同工作量减少,监理人认为应予提前变更项目的工期时,由监理人和承包人协商确定。

任何部分的工程变更,业主、监理和承包商都可以提出,但按照 FIDIC 合同条件的规定,任何变更的提出都应交由监理工程师来最终处理,并报业主批准备案,监理工程师发出有关的变更指令,变更指令一经发出,应视为合同文件的一部分。因此,工程变更具有一定的法律强制性。没有监理工程师的变更指令,合同的任何一方都不能对工程及其有关方面作出任何的改动,监理工程师发出的工程变更指令,合同双方则必须执行。实质上,工程变更是对合同文件进行修正、补充,使其更加完善,更加符合工程实际。

2.2 合同工程量与变更管理

采用工程量清单进行的工程单价合同管理,是一种国际通行及惯用的工程建设合同管理模式。工程量清单是合同文件的重要组成部分,也是项目合同管理的核心依据。对于单价合同来说,工程量的划分直接影响到工程进度款的合理支付,对工程项目的顺利实施起着重要作用。由于国内水电工程国际招标文件范本是根据 FIDIC 施工合同条件改编的,针对由雇主设计的建筑和工程条件下(目前国内水利水电国际招标工程均可视为由雇主设计)的 FIDIC 施工合同条款,土建项目施工招标一般采用单价合同模式,即按工程量清单项目进行计量和支付。在工程招标合同实施阶段必须要对其规模和性质有足够的理解,完整地列出工程量清单中的各项作业内容。清单中各项工作的名称和计量单位应准确,符合行业习惯;工程量应尽量接近实际,具有综合性和可计量性,不能漏项。

2.2.1 合同工程量清单的编制原则

工程项目业主总是期望通过公平投标竞争尽可能选择最优承包商。最公平进行投标报价竞争和便于项目实施过程中有效进行合同管理是编制合同工程量清单中应遵循的基本原则。

(1)合同工程量细目的划分首先在确定的合同标段范围内依据三级项目进行划分。按照三级项目划分进行分项编号,在第三级项目范围内应对应招标设计图纸的工作内容、涉及的专业内容进行分类编列,必须覆盖设计的所有工作内容,不得遗漏。

(2)合同工程量细目划分应和技术规范保持配套一致性。技术规范针对工程项目施工的划分详细地规定了每一个工程细目的主要工作内容、质量标准要求、技术标准、验收标准、计量内容、计量方法、计量单位和支付方式等。如果工程量清单与技术规范的计量支付条款不一致,就会造成投标人和承包商报价混乱,评标困难,最终导致合同争议,合同控制管理难执行等一系列合同问题。

(3)合同工程量细目的划分应便于中间计量与支付。工程细目如果划分得不科学不合理,中间计量工作精度达不到,不便于合同过程控制中月进度计量支付,从而影响项目进度与投资控制。中间计量工作量也会大增,甚至产生计量争议。

(4)合同工程量细目的划分应考虑合同实施过程中可能发生的变更处理工作。限定变更出现的合同工程部位和范围,便于工程变更处理及简化施工索赔等问题,最大限度地体现单价合同的管理优势。

(5)工程量清单中的工程量应尽可能准确。投标商是根据清单中的工程量进行施工组织设计和资源配备的,所有投标人均依据工程量清单项目和数量进行报价,一旦中标将成为合同单价。

(6)工程变更发生最多的是针对工程量的增减变化所引起的,当工程量增减超出合同规定范围,必然会引起承包商的施工资源重组,导致工期和费用的变更。

2.2.2　工程量清单项目划分的基本准则

2.2.2.1　主体工程与施工临建基础设施项目划分

针对水利水电工程项目建设条件和特点,一般根据枢纽布置特点和工程地形地貌特征采取集中布置和分区布置。水利水电工程建设工期相对较长,且一般位于深山峡谷之中。生活营地、工作营地、生产加工工厂营地、工程施工建设需要建立施工营地和配套的生产工厂和交通设施。如成品砂石料生产加工工厂,混凝土生产工厂,钢结构钢筋加工工厂,施工供水系统,施工供电配电系统,通信及网络设施、对外交通及场内交通、桥梁、码头等,水泥、外加剂等建材仓储设施、工地火工材料仓库、加油站油库、工地医疗急救站等服务设施,这些都是为主体工程建设服务的基础设施项目,可以单独划分为合同标段进行招标建设管理。所以,主体工程合同工程量清单一般只应包括主体合同工程项目工作内容。业主应重点突出主体工程合同项目进行公开报价竞争,择优选择承包商。在合同实施阶段,便于重点控制,科学有效管理,特别是有利于工程建设合同实施过程中的变更管理。

作为工程建设配套的施工临建公共服务设施项目在时段上一般规划在施工准备期内分别进行招标建设管理。在编制招标合同文件时可以在主体工程合同项目招标文件的特别合同条款中作为业主供应条件列出供应使用的单价和费率,便于投标商在同一条件下进行竞争报价。

FIDIC 合同条件下合同工程量清单中将关税、保险、履约担保、承包商进退场费用列入其中,作为工程细目单独报价竞争和支付,充分体现公开、公平、公正等竞争的科学性。同时由于主体工程细目单价中不含临时基础设施建设费用,主体工程量的适当增减也不会引起临建设施费用的变化,使项目合同更具有透明和公正性。

2.2.2.2　合同工程量清单的精度与细目的划分准则

合同工程量清单贯穿合同管理全过程。工程细目划分得粗可减少计量工作量,但划分得太粗会难以发挥单价合同的优势,不便于变更工程的处理。而且工程细目划分太粗或太细均会使支付周期延长,导致承包商的资金周转发生困难,最终影响合同的正常履行,甚至产生合同纠纷。工程细目划分得过细则会大大增加计量的环节和工作量,甚至会难于操作。从单价合同的性质而言,工程细目划分得精度宜细一些为好,有利于处理工程变更和合同管理。

目前,建设部已制定工业与民用建筑合同工程量清单标准格式,但水利水电工程建设还没有制定客观科学工程量清单项目划分标准,作者通过参与国际工程建设管理和大中型水利水电工程建设管理实践,认为尽快制定标准合同工程量清单格式,十分有利于项目合同实施控制管理。工程项目细目的划分应满足合同项目以专业类别、施工程序、施工成本控制为原则的基本计量单元,既方便于中间计量与支付,又有利于合同管理与控制。

2.2.3　工程量清单与变更管理

工程招标设计图纸一经确定,即要进行工程量清单项目划分。工程量细目的划分层次必须清晰,尤其三级项目是基本计量单元应涵盖设计所定的专业工作内容。工程量单位必须与合同技术规范中计量支付条款相一致。

工程量分类计算整理要细致、准确。计算工程量的依据是设计图纸和技术规范。分类计算整理工程量时要先认真阅读合同技术规范中的计量和支付条款,同一工程量其计量方式不同,整理出来的工程量也不一样。计算工程量之前应制定统一的计算精度原则。设计文件中的工程量计算表计量方式与技术规范中的计量条款计量方式可能不完全一致,这就需要在分类整理计算工程量的过程中,认真对设计文件和计量条款进行审阅,必要时要重新对图纸工程量进行分解、合并或换算技术处理。

工程量清单确定的每一细目工程量,均成为报价的合同依据。在项目合同实施管理过程中,工程量清单始终是合同管理实施过程中的依据文件。在合同实施过程中,出现的任何项目的工程量增减,必须与合同工程量清单作计算评价基础。因此,工程量清单计算要做到不重复、不漏项,更不能发生计算错误,否则,将会为以后合同管理埋下重大隐患,严重的将导致重大索赔甚至带来合同纠纷和争议。

(1)工程量清单是合同管理的重要基础,是计量支付的重要文件,是工程项目变更管理的基础依据。

(2)工程量清单中一旦出现错误且被承包商发现和利用,则会给业主带来莫大损失。例如:工程量清单中某项目结构部位混凝土分项下 C20 混凝土细目,设计图纸工程量应为 250 000 m^3,由于在工程量分类计算整理工作过程中的失误,误将项目细目 C20 混凝土的数量写成了 25 000 m^3。细心的投标人通过招标图纸的认真核算,发现了这一问题并据此进行相应的不平衡报价而中标,有意通过提高该项 C20 混凝土工程细目的单价。在合同实施过程中,由于该项目工程量的增加,承包商取得了超额利润和回报。

工程量的错误会引起工程变更和索赔。承包商除通过不平衡报价获取超额利润外,还可能提出索赔。

例如,FIDIC 合同条款 12.3 款"估价"中规定,在以下情况下,宜对有关工作内容采用新的费率或价格:①该项工作测出的数量变化超过工程量表或其他资料表中所列数量的 10% 以上;此数量变化与该工作上述规定的费率的乘积,超过中标合同金额的 0.01%;此数量变化直接改变该项工作的单位成本超过 1%;合同中没有规定该工作为"固定费率项目"。②根据第 13 条[变更和调整]的规定指示的工作;合同中没有规定该项工作的费率或价格;由于工作性质不同,或在与合同中任何工作不同的条件下实施,未规定适宜的费率或价格。在合同执行管理过程中,由于工程量的增加或减少,承包商往往会以进场费、临时设施费、现场管理费等费用发生相应变化需要进行调整为由,向业主提出费用索赔补偿。

(3)合同工程量清单的错误是工程变更管理的直接原因。由于承包商采用了不平衡报价,所以当合同发生设计变更而引起工程量清单中工程量的增减时,因不平衡单价对所增减的工程量不适合会使得工程师不得不和业主及承包商协商确定新的单价来对变更项目进行计价。合同工程量清单的错误将增加工程变更的处理难度,给业主带来难以挽回的经济损失。

(4)合同工程量清单的错误会导致投资控制困难。由于工程项目合同投资控制目标是建立在合同价基础上且通常考虑项目风险因素加上适当的不可预见费用后确定的。合同工程量清单的种种失误,将直接造成项目合同管理过程中投资控制的难度。

(5)对于基础处理、灌浆等隐蔽性工程,施工抽排水等不确定因素的工程细目,应针对工程条件进行科学评价,并在合同文件中做专门规定。

因此,在工程项目招标阶段,工程项目合同工程量清单的划分、计算整理必须依据客观科学的准则,应引起标书编制人员的高度重视,确保工程量的准确性是实现合同目标的保证基础。

第 3 章　FIDIC 合同条件下的工程变更管理案例分析

3.1　工程变更对工期的影响相关性分析

本书以黄河小浪底水利枢纽主体工程建设管理为背景，按照 FIDIC 合同条件对工程变更与合同工期的影响进行研究分析。依据 FIDIC 合同条件下的研究方法和变更管理的程序，应用于在建的重庆乌江彭水水电站工程现场建设合同管理和变更管理评价。以水利水电工程建设合同管理过程中所发生的变更管理为实例，以工程建设过程中所产生的典型工程变更管理为分析研究对象，以工程变更前业主与承包商签订的合同进度计划为分析基准，重点研究变更后对工程合同进度计划的调整变化，包括人力、设备、材料等资源配置的调整，就工程变更对合同工期的影响进行评估与计算评价。根据变更批准实施工程中现场采集统计的实际工序时间参数形成实际工程进度。首先，根据原合同进度找出所有各级子项目 WBS 进行编码，运用 P3 软件进行项目各时间参数计算；然后引入工程变更项目，再次进行时间参数更新计算，分析其主要时间参数包括其浮动时间参数是否发生偏差；最后进行进度纠偏计算资源量投入，分析费用变化。根据批准的工程变更项目，按照以下程序工程进度计划分析调整。

(1)工程项目合同计划进度。

(2)工程变更实施的工程调整进度计划。

(3)变更实施过程的现场实际执行效果进度。

通过对以上某一特定的工程变更的产生、评价和实施，对工程变更项目的施工组织、资源配置和作业效率进行分析，对每一作业工序分解形成的不同层次的工作活动进行时间参数计算分析，至少可以作出以下判断：

(1)在没有变更的前提下，项目合同进度计划与现场实施的项目实际进度之间产生的进度偏差，即评价原定合同进度指标参数与实际进度指标参数的相对关系，现场施工组织管理水平、资源配置与合同进度计划要求的差距。

(2)当项目必须进行变更时按正常条件实施工程变更，客观科学的评价变更的实施引起的调整进度计划与原合同进度计划之间进度偏差的合理性。

(3)由于变更的实施产生的工程量改变导致承包商资源投入的改变，计算变更本身产生的费用偏差，评价变更的合理性和对进度的影响。

针对工程建设管理变更实例，批准实施的变更所产生的项目进度计划调整与现场实际进度效果之间进行分析比较评价。

3.2 案例：小浪底地下主厂房顶拱支护设计变更评价分析

3.2.1 工程概况

黄河小浪底水利枢纽主体工程利用世界银行贷款，按照 FIDIC 合同条款进行主体土建工程国际竞争性采购招标，引水发电系统土建工程被称为厂房发电设施标，简称 LOT－Ⅲ标。经过国际竞争性招标采购，该标由小浪底联营体（XJV）中标，该联营体由法国杜美兹（DUMEZ）公司为责任方，由德国的霍尔茨曼（HOLZMAN）公司和中国的水利水电第六工程局为联营伙伴。主体工程于 1994 年 5 月 1 日发布工程师开工令，承包商进场准备于 1994 年 8 月 18 日正式开始施工，项目合同计划于 2000 年 7 月 31 日完工。

厂房发电设施国际标引水发电系统主要由 6 条引水发电洞、地下厂房系统、主变压器室、尾水闸门室、3 条尾水洞、尾水渠和防淤闸等工程部分组成。地下厂房包括主厂房、副厂房和安装间 3 部分，主厂房最大跨度 26.2 m，长 251.5 m，最大高度 61.44 m，地下主厂房顶拱高程 165.05 m，厂房最低开挖高程 103.61 m；岩壁梁高程为 154 m，发电机层高程 144.5 m，母线洞高程 134.5 m，厂房上游进水口高程 124 m，尾水管出水高程 104 m。主变室跨度为 14.4 m，长 174.7 m，高 18.75 m；尾闸室跨度 10.6 m，长 175.8 m，高 8.47 m；引水隧洞 6 条，开挖直径 9.4 m，设计工作直径 7.8 m，总长 2 047 m。3 条尾水洞呈城门洞形，设计工作尺寸为 12 m×19 m，总长 2 740.35 m。发电尾水流经尾水洞进入 3 条尾水明渠，穿过 6 孔防淤闸后与消力塘水流汇入泄水渠流入黄河。整个引水发电系统（进水塔除外）明挖土石方 280 万 m^3，洞挖石方 130 万 m^3，混凝土浇筑 30 万 m^3，钢结构及钢筋加工制造安装 1.8 万余 t。

3.2.2 发电厂房主要工程地质条件

地下厂房布置位于黄河小浪底左岸“T”形山梁交会处的腹部，距坝址区主要断层 F236\F238 较远，距 F238 断层的最小距离为 150 m。厂房顶拱岩体覆盖厚度 70～100 m。厂房最低高程 103.61 m，厂房顶高程 165.05 m，分布有 T14、T13－2、T15、T16－1 等地层。以钙质细砂岩为主，主要分布钙质、硅质、胶结的砂岩、粉砂岩等。夹薄层页岩，倾向南东 SE98°，缓倾角 9.5°，近于水平成层，岩体与节理面组成砖墙式结构体。饱和抗压强度在 392 MPa 以上。岩层泥化夹层主要分布在顶拱以上，一般间距为 3 ~ 4 m，夹层厚度为 1 ~ 2 cm，岩层地下潜水量很小，硐室围岩属 Ⅱ—Ⅲ类，如表 3-1 所示。

表 3-1 厂房岩石力学性能参数

岩层代号	T_1^{2}	T_1^{3-1}	T_1^{3-2}	T_1^{4}	T_1^{5-1}	T_1^{5-2}	T_1^{5-3}
E(kPa)	11.5	12.75	12	13.5	9.5	12.75	10.5
μ	0.22	0.21	0.22	0.20	0.24	0.21	0.22
C(MPa)	1.0	1.17	1.0	1.5	0.83	1.25	1.0
φ(°)	35	35	35	35	35	35	35

厂房水平构造应力 $FH = 3$ MPa，垂直向地应力主要为自重应力，约 2.2 MPa。容重 26.1 kN/m^3。

从布置在地下主厂房顶拱中部的 1 号通风竖井和 2 号勘探竖井及顶拱导洞揭露的岩石条件发现，在顶拱上部 T14 岩层内存在 3 层泥化夹层，夹层厚度1 ~ 2 cm，大都连续性较好，但对顶拱和岩壁梁稳定不利。此外，根据进水口高边坡开挖及进口锚索钻孔岩石资料分析，NE10° ~ 20°节理分布在岩层中每 15 ~ 20 m 发育有节理密集带，节理内为泥质充填，经探测分析，此节理密集带将延伸至厂房顶拱上部岩层中，对厂房顶拱围岩的稳定将起控制作用。

根据现场实测和三维初始地应力场分析结果，场区地应力以自重应力为主，构造作用为次，侧压力系数为 0.8 左右，基本为均匀应力场，应力条件较好，如表 3-2所示。

表 3-2 厂房顶拱揭露的地质条件

组号	节理组	走向(°)	倾向(°)	倾角(°)	发育状况
J1	NNE	20	290	84	数量多，延展性好
J2	NE	60	330	78	局部存在且不发育
J3	NNW	340	250	80	切层性较差
J4	NWW	290	200	75	数量多，延展性好

在未发现厂房顶拱泥化夹层之前，工程师审查签发给承包商的厂房顶拱支护参数设计图纸采用为张拉锚杆(Rockbolt)Φ 32@1.5 m×1.5 m，$L = 6$ m/8 m，钢筋网支护参数为Φ 8@25 cm，喷混凝土 $R_{28} = 25$ MPa，喷混凝土厚度为 20 cm。

3.2.3 厂房支护变更的产生

承包商进场施工开挖后，根据对厂房顶拱竖井开挖实际揭露的地质条件进行分析，设计单位提出对厂房顶拱支护设计参数进行初步变更意向。1994 年 11 月 29 日，将变更意向提交给工程师。初步变更意向主要内容为：厂房顶拱支护参数系统锚杆采用Φ 32@3 m BW，$L=8$ m，并施加 500 kN 预应力张拉锚杆，$L=12$ m，共计 1 675 根。布置 1 500 kN 预应力锚索，$L=25$ m，间距 6 × 12 m，共计 167 根，进行顶拱加强支护。

监理工程师针对现场揭露的实际地质条件做进一步分析研究，设计单位对主厂房顶拱支护设计参数做进一步优化，提出了厂房顶拱加强支护正式设计变更。在此基础上工程师经过进一步评审，于 1995 年 1 月 25 日正式向承包商签发了变更令。

变更的主要内容：地下厂房顶拱共布置安装 330 根 1 500 kN 预应力锚索，每根长 25 m，沿顶拱中心线对称布置，副厂房锚索排距 × 间距为 6 m × 6 m，主厂房和安装间为 6 m × 4.5 m。地下厂房顶拱加强支护变更设计采用无黏结预应力锚索，其结构特点是在每根钢绞线的自由段表面涂有防腐剂和润滑剂，并套有 PE 塑料套管，使钢绞线与被锚固的岩体不发生黏结，因而整个自由段全长能够长久的保存传递应力，并可根据围岩变形随时调整预应力的大小。

厂房顶拱加强支护设计变更采用的 1 500 kN 后张预应力锚索由 10 股公称直径 15.24 mm 的高强低松弛度的钢绞线组成，由德国 DSI 公司生产，每股钢绞线又由 7 根钢丝组成。钢绞线的标准强度为 1 570 MPa，屈服强度为 1 670 MPa，极限抗拉强度 1 860 MPa，钢绞线力学性能符合美国规范 ASTMA416 - 90a 技术要求。设计锚索工作荷载 1 500 kN，超张拉荷载 1 900 kN，考虑顶拱变形产生的附加荷载，锁定荷载为 1 000 kN。承包商采用的 DYWIDAG 预应力锚索系统采用双层保护，锚固段裸露钢绞线采用水泥灌浆保护，自由段为黄油脂与 PE 胶管作为第一层保护，每股锚索组合在 HDPE 波纹管中作为第二层保护系统，可以缓释锚固在岩体中的预应力锚索应力松弛。

3.2.4　工程变更对工期的影响分析

3.2.4.1　厂房变更的施工程序

主厂房顶拱支护设计变更加强支护采用预应力锚索加固，预应力锚索由内锚固段、自由段和外锚固段 3 部分组成。内锚固段的作用是将锚索承担的全部应力传递给围岩，厂房每一锚索划分为锚固段和自由段两部分，内锚固段的长度 8 m，该段钢绞线外部的 PE 塑管子被剥除，胶管内原有油脂进行高压热水清洗，保持钢绞线表面洁净。自由段钢绞线的外套有 PE 软管，钢绞线与软管间的润滑油脂可以使钢绞线在 PE 塑料管内滑动。外锚固段是进行锚索张拉（施加预应力）和端头保护的，由混凝土垫墩、钢套管、锚头板和钢帽组成。锚索波纹管孔口0.5 m 和末端0.8 m 范围内，在组装车间预先注入水泥浆，使锚索在安装前进行固化，HDPE 波纹管锚索索体内外均设置注浆管和备用注浆管。排气布置：波纹管内外公用1根排气管，排气管设置在波纹管内，长度为从孔口直到孔底；波纹管内部排气管布置在锚索索体端部设置短管且穿过预先灌注的水泥浆结石和端帽，露出波纹管端部外；灌浆时波纹管内部和外部的气体都通过通长排气管排到孔外。

锚索的施工包括车间制作和现场安装两部分。车间制作是在承包商施工营地进行的，包括锚索的组装和混凝土承压垫墩土预制；现场安装是在厂房顶拱施工现场进行的，包括混凝土承压垫墩的安装、钻孔、预压注浆、冲孔、锚索安装、灌浆、张拉和锁定等作业，如图 3-1 所示。

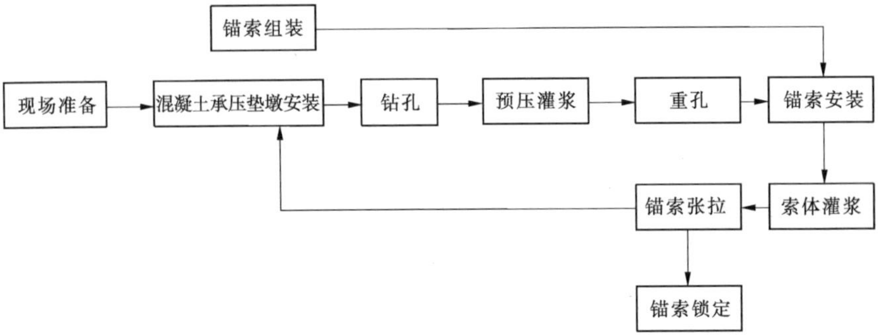

图 3-1　锚索的施工

1. 锚索的制作

锚索制作是在一个 10 m×30 m×10 m 的组装车间内进行的。主要工序有：①下料，按设计长度（设计工作有效长度加 1.2 m，即 26.2 m）截取钢绞线；②清洗，剥去内锚固段的 PE 塑料管（按设计长度为 6 m，后根据张拉试验结果改为 8 m），用高压热水枪先放入 2.54 cm 钢管中粗洗，再将钢绞线放进由两道相距 60 cm 的高压热水冲洗，采用 2 台 WAP1860 高压热水除油机，将裸露钢绞线防腐剂和润滑油清洗干净；③组装，按照设计要求将 10 股冲洗好的钢绞线用塑料固定支架（锚固段每 1.0 m 一个，自由段 0.5 m 一个）绑扎牢靠；④将截好的内灌浆管和排气管固定到塑料固定支架上；⑤钢绞线绑扎成束后，即可送入 HDPE 波纹管内；⑥在波纹管外部按每 1.5 m 一个绑扎好塑料对中环，以便使锚索索体在钻孔中的位置居中；⑦最后在自由端波纹管外绑上外部灌浆管，固定好塑料端帽，并在锚固端端部 0.8 m 范围内注浆，待浆液凝固后组装工作即结束。组装好的锚索在运输和存放的过程中，要保持表面干净。

2. 混凝土承压垫墩的预制、安装

锚索混凝土承压垫墩(Pad)原设计为四棱台,上底面尺寸 54 cm×54 cm,下底面尺寸 100 cm×100 cm,高 40 cm,设计混凝土强度为 30 MPa,配ϕ16 mm 螺纹钢筋及ϕ20 mm 螺旋光面钢筋。原计划为现浇承压垫墩,根据现场施工进度要求,为了提高锚索工作效率,后改为预制承压垫墩。预制件的配筋仍按设计的现浇构件要求。预制前对混凝土的配合比进行设计,对试块进行抗压、抗渗和抗冻融的强度试验以保证预制件的强度。在预制件养护中,最初采用常规的草袋遮盖洒水法,但常因洒水不及时、水分蒸发快等原因使预制件出现裂缝,后来采用了将预制件初凝后埋入砂中加水养护的方法,效果较好。

承压垫墩的安装,要求承压垫墩底面与岩石的喷混凝土表面基本平行。若不平行,则必须喷混凝土找平。承压板预制件混凝土强度达到 15 MPa 后即可以进行安装,为使承压垫墩与喷混凝土面结合良好,安装承压垫墩时在接触表面上铺 2 cm 厚的水泥砂浆。当安装承压垫墩的位置有严重超挖,不适宜用喷混凝土找平时,必须考虑用现浇承压垫墩,并要求承包商设计超挖部分的配筋。

为了保证承压垫墩与岩面的良好接触,还需要进行接触灌浆。接触灌浆时将注浆管放在承压垫墩与喷混凝土表面接触面的最低点,排气管则放在最高点,并将承压垫墩周边、导向套筒以及锚杆周围所有漏浆的地方堵塞紧,以免漏浆。用 1∶1水灰比的 525 号水泥浆注浆,直到排气孔持续均匀地排出不含气泡的浆液至孔底保持压力达到 0.2 MPa 并稳定 30 min,压力稳定则灌浆结束。

3. 锚索钻孔与固结灌浆

锚索钻孔采用的是 Atlas Copco Mustang A－52CB 型履带式潜孔钻,钻头直径 165 mm,钻杆直径 89 mm,设计孔深 25 m,钻杆每节长 3 m,钻机有一个 6 m 长的钻臂,配置 1 台 Atlas ZRVS455 型高风压空压机,附带集尘器,空压机容量 27 m^3/min、风压 1.2～1.5 MPa 的高压空压机辅助作业。锚索钻孔通常应根据设计要求确定钻孔方向。一般情况下,钻孔的反方向应通过地下厂房顶拱圆弧的圆心且与厂房轴线方向垂直,并且要保证钻头推进器在承压板导向套筒的中央。

钻孔深度按设计长度加 0.5 m(从承压板外部算起)。钻孔时做好钻孔耗时记录及特殊情况的记录,并据此进行地质分析描述。钻孔开始时应特别小心,以确保岩层表面的喷混凝土和岩体不被破坏。

钻孔进度是控制锚索安装进度的主要环节,一般来说,该钻机正常情况下每天(两班)能造 3～4 个孔,但实际使用中由于某些部件经常损坏,每天钻孔 1～2 个,平均完成 1 个锚索孔需 4 h。总共采用 2 台钻机保证施工进度要求。钻孔结束后用掺气水进行清洗,直至返出的都是清水,清洗结束后将钻孔保护起来,以防堵塞或发生故障。

4. 锚索运输

运输采用由 5 辆两轮斗车组成，两两铰接，由皮卡或拖拉机牵引，从组装车间运至安装现场。

5. 预压固结灌浆

预压固结灌浆（pre-grouting）进行与否是根据锚索孔的岩石情况而确定的。通常在钻孔遇到泥化夹层、破碎带或者断层时需要进行固结灌浆（当岩石条件较好时可不进行固结灌浆）。鉴于小浪底工程地下厂房顶拱以上存在夹泥层和软弱夹层，为防止由于压水试验造成软弱夹层的泥化或膨胀，所以不能做压水试验。预压固结灌浆采用水灰比 $W/C=1:1$ 的 525 号水泥浆液。根据固结灌浆的要求，并不需要太大的灌浆压力，保证孔底 0.2～0.4 MPa 为准，保持少许压力稳定 30 min 后将浆液放掉即完成了固结灌浆，每灌 1 孔约需 1 h。在厂房顶拱 325 个锚索孔中进行预压灌浆共有 270 个孔，共灌入水泥 137 900 kg，平均每孔灌入水泥 511 kg。

6. 锚索安装与索体灌浆

锚索安装前先检查孔壁内是否残留水泥浆，在锚索安装前使用钻机进行扫孔。将车间组装好的锚索用改装的平板拖车运至地下厂房。安装时在孔口锚杆上安装一个导向滑轮，用尼龙绳将穿过滑轮的卷扬机上的钢丝绳与锚索绑扎在一起，通过卷扬机收缩钢丝绳来提升锚索。当锚索升至孔口时，人工辅助将锚索送入孔内，直至索体全部送入孔内，最后用锁链将锚索临时固定。安装 1 根锚索大约需 1 h。

7. 锚索灌浆

完成索体安装后即可进行索体灌浆。索体灌浆分两步走，首先是孔口封堵灌浆，其次是索体灌浆。锚索安装固定后，使用泡沫胶封填孔口波纹管与孔壁之间的空隙，待泡沫胶凝固后进行孔口段 1 m 水泥灌浆。作为锚索索体灌浆的止浆塞塞体灌浆。灌浆浆液是由 525 号普通硅酸盐水泥、膨胀剂和水组成的，水灰比 $W/C=0.364$，FLOWCABLE 膨胀剂添加量为水泥用量的 6%，封堵灌浆的长度为 1.0 m。

通常在封堵灌浆完成 1 天后方可进行索体灌浆。灌浆时注浆自下而上，内外同步。当锚固端顶部的排气管排出同注入浆液浓度相同的浆液且无气泡时，从排气管取浆液以供做试验用。取浆完毕封堵排气管，然后继续注浆直至灌浆压力上升到 1.0 MPa 时停止灌浆。稳定 30 min，观察压力变化。若压力稳定，可以结束灌浆。若压力下降，需继续注浆直到压力稳定。

索体灌浆浆液为纯水泥浆，并加入 6% FLOWCABLE 膨胀剂，W/C 为 0.364。对从现场锚索排气管排出的浆液进行取样，检测 7 d、28 d 抗压强度，实测 7 d 平均强度34.6 MPa,28 d强度44.1 MPa,共计灌入水泥浆121 250 kg,平均每孔灌入水泥浆373 kg,每灌注1孔实际费时1 h。

8. 锚索张拉锁定

锚索张拉是锚索施工中最重要的一个环节,根据技术规范要求,只有当索体灌浆抗压强度达到30 MPa后才能进行张拉。在进行锚索正式张拉前,先进行张拉试验,选择相同地质条件,布置与设计条件相同的锚索进行试验,根据试验结果,一般在半个月后浆液的抗压强度可以达到30 MPa,所以锚索张拉应在锚固灌浆完成半个月后进行。锚索张拉程序按分级加荷,首先施加50 kN定位荷载,匀速加载,按工作荷载的0.3 AF、0.6 AF、1.0 AF、1.1 AF、1.27 AF分级加荷,记录测量位移、钢绞线和混凝土垫板徐变值。根据公式进行计算:

上限: $$S_1 = (P - P_0)/EF_e(L_a + 1/2L_b)$$

下限: $$S_1 = 0.8\ L_a(\ P - P_0/EF_e)$$

式中:$P-P_0$为张拉始末荷载之差,kN;E为钢绞线弹模量,GPa;F_e为钢绞线截面积,mm^2;L_a为锚索自由段长度,mm;L_b为锚固段长度,mm。

锚索张拉之前应做好准备工作,其中张拉用液压千斤顶必须保证其读数准确,并每两个星期到省计量部门对其率定一次。测定位移的卡尺精度为0.05 mm。张拉前割掉孔外钢绞线外部的PE软管,将锚具的卡片固定好,安装好张拉设备。

锚索张拉时先加压至50 kN以消除锚索的松弛,并以此拉伸读数作为基准点。通常以40 kN/min速率加载,锚索张拉时先加压直至达到1 900 kN的最大荷载(工作荷载的1.27倍)。加载时,分别用游标卡尺量出各级荷载时的锚索位移,从而判断锚索变形是否在弹性变形之内。当荷载达到1 900 kN时,荷载保持20 min以测试徐变。这期间将测取进一步的位移,如果20 min的徐变不超过2.0 mm,就认为该锚索合格。若20 min的位移超过2.0 mm,应继续保持该荷载45 min,继续测取进一步的徐变位移读数。如在1 900 kN的荷载时锚索的弹性变形在上下限值内,则认为预应力锚索是合格的。

如果加载证明锚索是合格的,将荷载降到1 000 kN,并随之锁定。如果不合格,应安装同等级别的锚索代替。

锚索张拉锁定后,应割去多余钢绞线,安装好锚头钢帽,并从钢帽上的通气孔注入水泥浆,然后在钢帽表面涂漆以防锈蚀。锚索施工结束后,根据施工记录整理出施工报告,工程师审批合格后,至此整个锚索施工完成。

3.2.4.2 工程变更对合同目标工期的影响评价

承包商在工程开工时提交第一版合同进度计划,监理工程师根据合同条款规定的合同工期目标及承包商施工进场准备条件进行审查批准。

1. 项目合同进度计划

根据合同条件,经审查工程师批准项目初始合同进度计划,1994 年 5 月 30 日工程师发布厂房工程开工令,项目合同完工时间为 2000 年 7 月 31 日,合同总工期为 74 个月。

2. 项目合同计划中间完工日期

第一个中间完工日期:1998 年 2 月 14 日,5#、6#机组具备安装条件。

第二个中间完工日期:1999 年 6 月 30 日,3#、4#机组具备安装条件。

第三个中间完工日期:2000 年 7 月 31 日,1#、2#机组具备安装条件。

第四个中间完工日期:1999 年 1 月 2 日,厂房开挖完成。

第五个中间完工日期:1999 年 1 月 2 日,厂房基础混凝土开始浇筑。

第六个中间完工日期:1999 年 12 月 31 日,机组二期混凝土完成。

项目合同完工日期:2000 年 7 月 31 日。

3. 地下厂房顶拱施工合同进度计划

小浪底地下主厂房顶拱开挖施工初始合同目标进度计划最早开工时间为 1994 年 12 月 20 日,地下主厂房最早完工时间为 1998 年 12 月 31 日。小浪底地下主厂房施工总的合同工期为 48 个月。

小浪底地下主厂房顶拱第一层施工合同目标进度最早开工日期为 1994 年 12 月 20 日,最早完工日期为 1995 年 6 月 10 日,合同施工日历天数为 170 天。

1)主厂房施工执行效果进度分析

小浪底地下主厂房顶拱第一层施工合同进度计划最早开工日期为 1994 年 12 月 20 日。由于进入地下主厂房顶拱交通通道 AT8 交通洞提交时间滞后,承包商厂房顶拱实际开挖施工时间从 1995 年 2 月 5 日开始,比主厂房顶拱目标合同进度计划 1994 年 12 月 20 日开工日期推迟 45 天,即厂房顶拱施工开工日期滞后 1.5 个月。

在小浪底主厂房项目实施过程中,主厂房顶拱开挖施工实际于 1996 年 2 月 15 日完成 EL154.5 m 以上开挖和系统支护工作,比项目合同进度计划第一个中间完工日期 1995 年 6 月 10 日推迟 8 个月又 5 天。主厂房第一层开挖支护实际工期 12 个月 10 天。施工实际效果进度比合同进度计划工期 6 个月 10 天延长工期 6 个月。

承包商承担的厂房顶拱第一层实际完成开挖及系统支护时间不含变更范围的工作于 1996 年 2 月 15 日完成 EL154.5 m 以上工作。对于厂房顶拱比承包商合同目标计划完工日期 1995 年 6 月 10 日推迟 8 个月又 5 天。承包商主厂房顶拱一层实际施工日历天数为 375 天(扣除合同规定的法定假期 10 天,实际有效施工天数为 365 天),比原主厂房顶拱合同目标计划工期 6 个月 10 天增加 185

天。即由于地下主厂房顶拱增加锚索支护而导致实际延长工期 6 个月。但是，承包商主厂房顶拱一层施工实际执行效果第一个中间完工日期比初始目标进度推迟 8 个月又 5 天，共计推迟 245 日历天，扣除合同规定的法定节假日 4 天，实际完工日期推迟 241 天。

2）主厂房顶拱锚索加强支护变更实施进度分析

厂房顶拱加强支护设计变更增加锚索总共 330 根，锚索布置为 6 × 4.5 m。承包商实际施工开始时间为 1995 年 7 月 1 日，顶拱变更锚索全部完工时间为 1996 年 2 月 15 日。承包商主厂房顶拱锚索加强支护变更实施时间为 7.5 个月。

3）厂房顶拱变更对合同目标进度计划的影响分析

厂房顶拱施工处在厂房项目施工关键线路上，主厂房顶拱开挖支护为关键施工项目，对整个项目合同工期产生相应影响。工程师针对主厂房顶拱变更进一步分析，小浪底主厂房总共划分为 9 层进行开挖施工，其中主厂房顶拱一层开挖支护、第二层开挖支护、厂房岩锚梁混凝土浇筑施工主要利用位于顶拱的 AT8 施工交通洞作为通道，厂房第三、四层交通通道利用布置高程 EL145 m 的进厂交通洞，而主厂房第六、七层开挖则以引水下平段为交通通道，第八、九层则以尾水管道及尾水洞作为交通通道。所以，主厂房顶拱增加加强支护锚索变更对厂房的第一、二、三层施工及厂房岩锚梁施工工期产生直接影响，如表 3-3 所示。

表 3-3　变更对厂房中间完工日期的影响分析

厂房中间完工日期	变更之前中间完工日期	变更之后中间完工日期
主厂房开工日期	1994 年 12 月 20 日	1995 年 2 月 5 日
第一个中间完工日期	1998 年 2 月 14 日	1998 年 2 月 14 日
第二个中间完工日期	1999 年 6 月 30 日	1999 年 6 月 30 日
第三个中间完工日期	2000 年 7 月 31 日	2000 年 7 月 31 日
第四个中间完工日期	1999 年 1 月 2 日	1999 年 1 月 2 日
第五个中间完工日期	1999 年 1 月 2 日	1999 年 1 月 2 日
第六个中间完工日期	1999 年 12 月 31 日	1999 年 12 月 31 日
合同完工日期	2000 年 7 月 31 日	2000 年 7 月 31 日

工程师对厂房顶拱施工程序进行分析，认为厂房顶拱锚索施工不必完全等到厂房顶拱全部开挖完成后再进行施工，即厂房顶拱中部开挖与锚索可以搭接进行施工，以缩短厂房关键线路的施工工期。厂房顶拱开挖总共分为 5 个断面，中间 1、2、3 断面首先开挖完成 100 m 以后，即可开始厂房顶拱锚索钻孔施工。厂房拱角边墙部位的 4、5 断面部分开挖与厂房顶拱中间部分锚索施工可以搭接

施工。

针对厂房顶拱变更现场施工组织分析,认为顶拱锚索施工可以划分 2 个作业班组连续作业,配置 2 台锚索钻机同时进行关键的钻孔施工。预应力锚索加工可以安排在生产营地提前进行准备,不占锚索施工直线工期。

对主厂房顶拱增加锚索支护变更,承包商因此变更提出延期 12 个月的工期补偿要求。

工程师对承包商合理的增加支护工作对工期的影响做进一步科学的评价。经工程师对顶拱锚索加固支护变更科学、公正地评审分析,承包商由于小浪底工程主厂房顶拱支护设计变更增加锚索支护 330 束,变更实施延长施工工期为 6.5 个月,且不改变厂房合同中间完工日期和合同最终完工日期。

工程师对主厂房顶拱增加锚索支护施工,由于厂房顶拱延期 6.5 个月,对变更事件做进一步评价分析,为了确保厂房合同中间完工日期不改变,最终完工日期不改变,建议在 6 条引水下平段与进厂交通洞部位增加一条交通通道,即 17C 交通通道,作为对承包商赶工措施和工期的补偿。由于厂房顶拱变更的实施,承包商在不改变合同中间完工日期和合同完工日期的前提下相应调整修正厂房项目合同进度计划。

3.3 工程变更对费用的影响相关性分析

项目咨询监理工程师在工程变更的造价管理与费用控制管理中应执行科学合理定价和费用有效控制的基本原则,即变更工程的项目计量结算时必须一方面要有合同依据支持,另一方面又要公平科学合理,即客观地反映施工成本及竞争、供求等市场因素对变更项目单价的影响,且总造价原则上应控制在工程概算或投资估算的范围之内。

FIDIC 合同条款规定,当监理工程师的业务素质或职业道德素质不能达到或满足工程建设现场管理的要求,或合同授权监理范围模式改变时,应当通过合同专用条款对监理工程师的工程变更处置权力授权范围进一步加以明确限制,或通过业主的进一步授权监督和审查来进行项目变更管理。在工程变更的评价审查过程中应本着控制投资、保证质量和安全、确保进度、提高效益的原则来确定工程变更的必要性与可行性。当上述原则在实施中存在不一致甚至相互矛盾的现象时,应加强变更工程的可行性研究和评价评审,建立制定工程变更合同评审程序,并贯彻分级审批和互相监督的审查原则,避免滥用权力的现象发生。

根据 FIDIC 合同条款第 52 条的规定,当合同中有相应的计价项目时,原则上应按其相对应项目的合同单价作为变更工程的计价依据。此时,可将变更工程分解成若干项与合同规定相对应的计价项目,然后根据其完成的工程量及相应的或类似工程单价项目进行变更工程的计量与支付。

项目实施过程中工程项目任何部分的标高、高程、基线、坐标位置、尺寸的改变引起的工程量变更及设计变更或工程尺寸规模发生变化而引起的工程量增减,均可按上述原则来定价。这样能保证合同履行的公平、公正、严肃性,有效地发挥通过招标而产生的合同价格的杠杆作用,全面监督履行合同,同时能有效地避免双方协商合同单价时引起的争议及对合同正常履行时带来的负面影响。只要合同单价公平合理,这一原则也是公平合理的。

3.3.1 合同单价的变更处理原则

依据FIDIC合同条件,对合同实施过程中产生的变更进行分类划分。变更实施的单价按照以下原则进行评价处理:

(1)合同《工程量清单》中有适用于变更工作的项目时,应采用该项目的合同工程量清单对应的合同单价。

(2)合同《工程量清单》中没有适用于变更工作的项目时,则可在合理的范围内参考类似项目的单价或合价作为变更估价的基础,由监理人主动协调项目业主与承包人协商分析,经评价确定变更后的单价或合价。

(3)合同《工程量清单》中无类似项目的单价或合价可供参考,则应由监理人主动协调项目业主和承包人协商讨论,最终确定变更新的单价或合价。

当项目合同实施过程中工程变更引起的工程量变化较大或相应工作性质有重大改变,如重大的施工方案改变、重大的施工工艺设备流程的改变,或外部条件的重大改变,引起关键线路和工期发生改变,如果参照或继续沿用合同工程量清单中原来合同单价计价会损害公平原则,或出现显失公平的现象时,原有的合同单价应进行变更。

FIDIC合同条款规定了变更合同单价的双控条件。其表述是:“合同内所含项目的费率或价格不应考虑变动,除非该项目涉及的款额超过合同价格的2%,以及在该项目合同条件下实施的实际工程量增加或减少比工程量清单列表中所规定之工程量的25%以上”。但由于该条件界定不很明确且过于原则,在工程变更实际处理中缺少具体方便的细则和可操作性,因而在实际操作实施过程中由于合同各方所处的利益角度不同,导致出现各种不同的理解和歧义,以及在执行中出现各种不同的做法甚至引起争议。

FIDIC合同条款规定中的“项目”一词,有人理解为被变更的项目,有的人理解为变更后新产生的项目。实际上这些理解均不符合FIDIC条款原文的精神。对于单价合同,本书进行讨论的是变更的合同单价的评价处理,即工程量清单中划分的细目的单价,因此,条款规定中的“项目”一词是指工程细目(Item),对此条款做了更清楚的规定。即当工程变更使得变更工程量的变化超出工程量清单中所列工程细目工程量的25%以上及该细目的合同金额超出合同总价的2%时,应对变更产生超出部分的工程量按照合同规定,进行单价评审。在合同双方的承包商与项目业主均可接受的情况下,最终达成一致同意按照变更后新的单价进行计量支付结算。

工程量变更后,新的单价调整的原则是:若变更工程量增加,原单价偏高,应相应降低;反之,变更工程量减少则单价相应予以提高。

但当工程变更导致合同单价明显不合理时,可能给业主或承包商带来不公平、产生不利影响(单价偏高时对业主不利、单价偏低时对承包商不利)。但只要不损害公平原则或出现显失公平的现象,在合同约定的条件下,进行上述变更单价计价处理原则是必须坚持和遵守的公正原则。

造成某些项目合同单价不合理的原因是多方面的。如承包商制定投标竞争策略时有意采用不平衡报价策略,将开工早的工程细目报价有意识提高一些,而将相对开工较晚的工程细目报价调低一些;对于一个有经验的承包商,根据现场条件和招标图纸进行初步判断,报价时采取将工程量可能增大的工程细目报价高一些,而将工程量可能减小的工程细目报价低一些。除此之外,还因为现行的招标合同文件中各工程细目对应的工作内容描述不清晰,或细目单价构成内容叙述并不十分详尽明确,尤其是在计量支付条款中对构成合同单价的组成内容描述不够清晰明确,因而使得承包商无法将某些工作内容所发生的费用准确地进行计算分摊。例如,岩石边坡边墙锚杆加固施工中要进行钻孔、注浆、张拉锚固等所需的水泥砂浆浆液加工和拌和场地的建设工作,施工用风及水、电等,操作平台等。当合同中对该工作的费用分摊方式有明确规定时,承包商在报价时可以明确地按规定分摊计算。但如果合同规定不明确,计量支付条款表述内容不明确,则承包商可以采用多种不同的分摊方式,承包商可能将其均摊到交通路面工程的报价中,也可能将其放入混凝土浇筑项目的报价中等,由此也会相应地产生变更单价偏高或偏低的不均衡现象。这是工程建设合同管理中对工程变更处理合同单价计算评估的基本方法和内容。

在进行工程变更处理中为避免合同单价不平衡现象,在招标时,一方面对招标文件中技术条款的计量条款的叙述,每一合同单价对应的计量及支付条款进行逐一评审,进一步完善现行招标文件的计量支付规定,对每一个工程细目的单价构成(包括计价工作内容和费用构成)应进行全面详细的规定;另一方面,科学合理编制标底概算文件,以便在评标时对投标人单价分析进行评审,并在制订评标办法时应对承包商的不平衡报价现象进行有条件限制。

3.3.2　合同单价基础数据库建立

我国引进外资或走出去部分利用政策性银行投资，实施进行水利水电工程项目开发建设时，通常要求进行国际采购招标，按照采用 FIDIC 合同条件进行项目建设管理，国际承包商进行工程施工时将部分使用国外进口设备和部分进口材料，必然要有外籍职员参与项目施工管理。在进行工程项目合同单价分析计算时，必然将涉及两种货币支付方式，即当地货币和外币两部分。本书研究的另一个对象是设定在同一合同单价构成中由当地货币和外币进行支付，即FIDIC条件下的工程变更内外资费用控制管理问题研究分析。

在 FIDIC 合同条件下，工程变更项目单价采用当地货币 RMB 与外币美元 USD 构成，进行相关变更项目单价及费用分析，与国内常规采用单一货币进行工程单价分析有很大的差别。按照合同条件规定和国际惯例，常常采用的方法是实物量法，即按照现场条件就工程建设合同的工程量清单中某一合同单价构成的人员、设备和所消耗的材料等进行内资(L)和外资(F)部分费用分别进行分析计算。

3.3.2.1　在 FIDIC 合同条件下项目单价计算方法与行业定额单价计算方法作对比分析

针对 FIDIC 合同条件下的国际竞争采购招标项目建设管理，国际通行的项目单价计算方法与国内采用行业定额进行单价计算方法做对比分析。即对构成工程单价的直接工程费和间接工程费的计算方法进行逐一分析，对构成直接工程费的人员、设备、材料的单价组成进行分析，重点对构成直接工程费的外资与内资构成进行分析计算。在 FIDIC 合同条件下针对某一工程变更实例，按照采用实物量法进行合同单价计算进行分析。

3.3.2.2　在 FIDIC 合同条件下按照国际惯例进行单价分析计算研究

以项目施工承包商现场管理水平及施工平均作业效率条件下获得的数据进行统计分析，考虑当地物价水平和同行业施工承包市场价格水平，在项目管理过程中以实际设备的作业效率、人力资源配置和材料消耗量为基础，将构成项目基础单价的人员、设备、材料作为原始数据，输入整理建立基础数据库，进行项目合同工程量清单的单价分析计算和合同项目费用计算。国内基础设施项目和水利水电工程项目计算基本单元单价采用行业定额。

3.3.2.3　根据项目合同条件和市场价格水平建立基础数据资源库

采用实物量法进行变更项目费用单价分析计算，首先应建立基础数据资源库。建立基础数据资源库应掌握以下几个方面的单价：

(1)按照专业作业班组划分不同级别、不同专业工种的人员工资单价。

(2)不同规格、不同型号、不同类别的材料预算单价。

(3)不同规格型号、不同功能的施工机械设备台时单价。

建立基础数据资源库需进行人员、设备、材料的基础单价分析。

(1)对项目相关的不同岗位层级管理职员和不同专业类别等级劳务人员小时工资进行计算;当地人员人工工资主要由基本工资、辅助工资和工资附加费三部分组成。

①基本工资:当前现行水利和水电工程概预算定额一般将人工岗位和专业技术熟练程度划分为三级和四级:工长、高级熟练工,熟练工和初级工,按岗位级别确定工资级别。

②辅助工资:根据国家政策规定属于工资性质的各种津贴,主要包括地区津贴、施工津贴、夜班津贴、法定节假日加班津贴等。

③工资附加费:按照国家政策规定提取的保险和基金,主要包括职工福利基金、失业保险基金、住房公积金,工会经费、养老保险费、医疗保险费、工伤保险费、生育保险费。

(2)对设备的台时费用进行计算,包括对国内设备和国外进口设备分别进行计算,施工机械设备台时费用包括设备折旧费和设备运行费两部分。

①设备折旧费:指施工机械设备在设计使用寿命期内回收原值的使用台时折旧摊销费用。

②设备运行费:指施工机械设备正常运转所发生的设备修理人工费、易损件配件替换费、轮胎费、安装拆卸费、动力燃料费、润滑油脂费等费用。

(3)工程材料预算单价包括:

①材料原价。

②包装费。

③运输费(运杂费与运输保险费)。

④采购保管费(采购、差旅费、库保人员工资、材料检验费、材料运输保管损耗、仓库折旧及维护费等)。

(4)对综合基础单价分析。

成品混凝土生产价格、砂石料成品生产加工价格与喷混凝土成品生产价格;必须按照生产成品骨料、成品混凝土加工系统使用材料、人工和相关设备消耗数量,对系统的土建及安装施工费用和系统运行费用分别进行计算,最后分摊得出工地成品料生产加工供应价格。

在必要时对所有人工(Labor)、材料(Material)、设备(Equipnent)编制分类编码规范,力求对不同项目、不同工程资源数据库编码尽量一致。工程基础数据库的建立可按照代码 + 四位建制。如人工库代码进行编码如钢筋工为 L0012,材料库代码如 R425 水泥 M1012,设备代码如 3 m^3液压反铲为 E3012,对于综合单价库如混凝土生产、喷混凝土可按照混凝土级配、标号进行编码;混凝土模板不同光洁度要求的平面模板(Flat Formwork)和曲面模板(Curved Formwork)等级如划分为F1、F2、F3、F4等,模板综合单价则分别进行编码。钢筋材料划分不同直径和类型进行编号。水泥材料按照不同类型不同标号进行编码。施工用水水价从业主提供的引接阀门口起进行计算,或直接按业主供应水价输入基础资源进行编码。施工供电同样从业主提供的引接变压器出线端起进行计算,或直接按照业主供应电价输入基础资源进行编码。建立工程项目资源基础数据库,根据市场条件发生变化,立即对资源数据进行动态数据更新。

国际工程项目一般使用国际金融组织或国外商业银行贷款,同时也使用当地配套资金进行建设,在项目资金构成上存在外币和当地货币。在合同进度计量支付时相应按合同单价构成分两种货币分别进行支付。

一般地,项目实施过程中进行分部工程或单元工程作业时,所有配置的资源需根据人员、材料和设备资源的构成进行合理配置,在建立资源库时均需对当地采购与国外采购的人员、设备、材料分别进行资源单价计算编码。为了方便和便于区别起见,通常将当地资源配置标明为L(Local),国外采购标明为F(Foreign)。为了计算方便,将当地采购配置和外资采购配置的资源单价均进行汇率换算,统一按照一种货币单位进行计算处理。

人力资源库按照国别划分为外籍人员(F)和当地人员(L)。人员划分为现场管理控制层职员和现场作业层劳务人员。项目建设管理根据项目规模设计组织机构,配置职能部门管理层职员和数量。现场工作面则根据施工组织设计配置作业工种和作业人员等级及数量。

工作面劳务人员按照作业工种进行划分:如开挖类一般有开挖工、钻工、炮工、辅助工人等;混凝土施工一般分为混凝土工、钢筋工、模板工、木工、电工等;司机及设备操作人员一般分为司机、设备操作工等;按照作业工人技能熟练程度等级标准可划分为工长、高级熟练工、熟练工、半熟练工、普工。每一作业单元的作业工人组成一个作业班组,配备工长或班组长进行现场工作面操作管理。

3.3.2.4 设备台时费计算原理

设备出厂原价或FOB价、CIF价称为设备价格。陆地运输到工地,附加运输费用、装卸费用和仓储保管费用,到达工地的设备价格称为设备预算价格。根据设备规格、型号和经济寿命,进行设备折旧,得到设备小时折旧费用。一般地,设备台时费按照如下步骤进行分析计算:

(1)设备购置费(Shipping Cost)。

(2)设备小时折旧费率(Depreciation Rates of Equipment Hours)。

①折旧费(Ownership Cost)。

②设备投资利息(Cost of Facilities Capital)。

③间接设备费(Indirect Equipment Cost)。

(3)设备运行费(Operating Cost)。

①大修理费(Overhaul Cost):大修人工费、大修配件费。

②现场保养和修理费用(Fieid & Repair Expenses):人工费、配件费、油料费、电费、润滑油脂费、轮胎或支架。

设备投入现场施工作业,一定周期需要进行大修,每隔一定时间需要进行工地维修保养。需要消耗燃油、动力,更换轮胎、零配件、易损件,产生以上费用称为设备运行费用。但施工机械设备上操作人员人工工资不包括在设备运行费中。

(4)设备台时费(Hourly Owning & Operating Cost)。

设备小时折旧费(Hourly Owning Cost)与设备小时运行费(Hourly Operating Cost)之和,称为设备台时费(Hourly Cost of Equipment)。

国外锚索钻孔机械设备台时费计算实例:

Altlas Copco Mustang A－52 锚索钻机台时费计算如表 3-4 所示,进行锚索钻孔作业的设备台时单价外资 102.4 USD/HR,配套当地货币台时单价为 10.32 USD/HR。

表 3-4　Altlas Copco Mustang A－52 锚索钻机台时费计算

No	Description	项目说明	F－USD/HR	L－USD/HR	FRF
1	Ownership Cost	购置费	73.30	0.00	417.84
1.1	Depreciation	设备折旧费	57.16		325.84
1.2	Cost of Facilities Capital	设备投资利息	9.54		54.37
1.3	Indirect Equipment Cost	设备间接费	6.60		37.63
2	Overhaul Cost	大修费	10.58	0.36	62.36
2.1	Overhaul labor	人工费	0.00	0.36	2.05
2.2	Overhaul Parts	配件费	10.58		60.31
3	Field & Repair Expenses	现场修理费	18.52	4.80	132.90
3.1	Labor	人工费	0.00	0.91	5.19
3.2	Parts	配件费	18.52		105.54
3.3	Fuel	燃油费	0.00	2.98	16.99
3.4	Electricity	电	0.00		0.00
3.5	Lube	润滑油	0.00	0.91	5.19
3.6	Tyres or Ground Engaging Components	轮胎或支腿	0.00		0.00
4	Total Hourly Cost	设备台时费	102.40	10.32	642.51

3.3.2.5 项目费用构成分析

一般地,按照国际惯例进行工程项目合同单价分析,其项目费用划分为工程直接费用(Direct Cost)和工程间接费用(Indirect Cost)两部分。

工程直接费用主要为构成项目直接投入完成合同工程量清单项目的资源投入,包括完成该合同细目投入的人员、设备和材料构成。工程间接费用是为完成合同项目所有细目工作所需的一切公共配套支持性设施和项目管理一切费用。

3.3.2.6 项目工期与费用的关系分析

关于国外工程项目建设和我国利用外资工程项目建设进行的项目投资估算,在体制上与我国工程建设沿用至今的定额法计算存在重大差别。国际通行的实物量法主要依据市场法则进行项目投资分析估算。我国采用文件证据法则下的行业定额进行投资估算侧重政策宏观管理,属于项目计划投资控制,不能真实反映市场行情和项目管理水平。从工程项目属性原则分析,实物量法投资估算体现市场行情和项目组织管理控制水平,项目费用计算更准确,有利于投资控制。

工程项目直接费用和间接费用与项目工期之间存在一种相关关系。一般工程项目规模越大,即工程量越大,工程造价越大,相对工程间接费用就低。项目施工难度系数越大,风险率越高,工程间接费用就越大。工程施工进度加快,合同工期缩短,间接费用就减少,但工程直接费用增加;工程进度放慢,合同工期延长,工程间接费用就增加,直接费用就可能减少。所以,工期、间接费用与直接费用之间存在一种相关关系,总存在一个最优工期,使得工程间接费用与直接费用之和即工程造价最低。及时准确评估工程变更相对应的工程直接费用,以及准确评价工程变更的可行性与必要性,具有十分重要的意义。

在工程项目建设合同管理实施过程中,项目工期与费用是不可分离的。合同工期的改变实际势必引起项目资源成本的改变,从而会导致工程造价的改变。项目工期-费用联合作用下计算费用包括两个不同的边界条件:工程变更本身直接投入的资源配置费用包括资源中内资与外资部分,工程变更引起的工期变化导致资源成本的改变折算为项目资金价值。

(1)计算合同进度计划中每一个作业工序在合同计划的工期内直接费用和间接费用及总费用。

(2)在项目变更实施过程中,对合同工程量清单建立项目分级单元编码,建立项目合同单价基础数据资源库,根据项目分项施工技术措施及施工工艺,配置实际资源配置及消耗量计算分析;包括资源中外资与当地货币(转换成单一货币)分别进行细目单价直接费用计算。

(3)完成工序或网络单元作业相应的计划资金需求值即赢得值,来计算评价项目的实际进度。

间接费用系数 ICF(Indirect Cost Factor) = 间接费用/直接费用 ×100%

工程总造价 = 直接费用 + 间接费用($TC = DC + IC$)

即：　　工程总造价 = 直接费用 + 间接费用系数 × 直接费用

或：　　工程造价 = 直接费用 ×(1 + 间接费用系数)

$$TC = DC \times (1 + ICF)$$

上述计算公式中,对于利用外资项目进行工程建设管理时,存在当地货币和外资两部分,需要分别进行直接费用和间接费用计算以及间接费用系数计算,最后按照合同规定的计算汇率,计算项目总的合同造价。

工程项目间接费用主要包括：

(1)管理人员费用。现场外籍管理人员工资、当地管理人员工资。

(2)营地。外籍人员生活营地、当地劳务人员营地、工地办公室。

(3)工地设施。工地车间、火工材料与仓库;工地工厂设施;工地试验室、工地医疗急救设施。

(4)水电通信系统。从业主提供的施工供水、供电、通信引接输出端口供应单价,从输出端口至承包商工作面的水、电、通信网络系统;排水排污处理系统。

(5)施工道路。所有连接业主提供的干线道路到施工营地、工作面的施工道路。

(6)交通车辆与工具。

(7)运输。海洋及陆地运输。

(8)海关与商检。港口、海关、商检手续费用。

(9)担保费用。承包商的履约保函、工程预付款、材料预付款保函、银行承诺费。

(10)财务费用。

(11)人员招募与遣返费用。

(12)工商税费。工商注册费、营业税、所得税、城市建设维护费、教育费附加、过桥过路费、养路费、车辆牌照费。

(13)保险。工程保险、设备保险、第三责任险、人身意外险。

(14)利润。

(15)总部费用。

工程间接费用中同样分为当地货币费用(Local)和外币费用(Foreign)两部分。如人员工资中分外籍人员工资和当地人员工资;交通工具分为进口车辆和国产车辆(Domestic);工地设施中分为当地费用和外币部分,如混凝土拌和楼、砂石加工系统设备等表现为部分进口设备利用外资费用。同样,利润中分为当地货币和外资部分。

对于工程项目的直接费用和间接费用进行分析计算，首先需要对工程项目进行划分。国际工程师概算将工程项目划分为四级：

(1) Major Account——单位工程。

(2) Account——分部工程。

(3) SUB - Account——单元工程。

(4) SUB - Division——单元作业工序。

如水利水电工程中拦河大坝工程、电站厂房工程为一级项目(Major Account)，相应现行水利水电工程项目划分的单位工程。

在一级项目下拦河坝中的岸坡开挖、基础处理、大坝填筑、金结安装、电气设备安装等为二级项目(Account)；对应现行水利水电工程项目划分的分部工程。

二级项目(Account)下的岸坡开挖中，又包括土方开挖、石方开挖等，称作三级项目(SUB - Account)；对应于现行水利水电工程项目划分的单元工程。

三级项目(SUB - Account)下的石方开挖中的作业活动，包括钻孔爆破、装渣运输。

大坝石料填筑中的料场石方钻孔爆破、装渣运输上坝，平料、碾压等施工工序称为四级项目(SUB - Division)，对应现行水利水电工程项目划分的单元工程作业工序。

水电站工程中发电厂房工程为一级项目(Major Account)。

一级项目下的高压管道工程、地面厂房、地下厂房、进厂交通洞、出线洞、通风洞、尾水洞、尾水渠工程为二级项目(Account)。

二级项目地面厂房下的土方开挖、石方开挖、模板、混凝土施工、砖墙砌筑、灌浆孔、排水孔、锚杆支护、喷混凝土等为三级项目(SUB - Account)。

三级项目混凝土工程下的施工工序如基础清理或凿毛、混凝土运输、混凝土入仓、混凝土浇注。混凝土养护等工序为四级项目(SUB - Division)。

针对上述工程项目划分，对应建立工程项目合同工程量清单(Bill of Quantity Boq)。将工程量清单按照上述四级项目划分原则逐一进行划分，列出项目单位和数量。建立科学准确的工程量清单，是进行工程造价计算的重要依据和工作基础，也是进行工程项目报价评价的基础。

合同单价是基于三级项目进行分析计算。但是三级项目的单价组成是由三级项目下的所有四级项目的子单价所组成的。

例如，三级项目(SUB - Account)石方开挖单价由钻孔爆破工序、装渣运输卸料工序2个四级项目(SUB - Division)组成。所以，分析计算四级项目子单价是合同单价计算的基础。

四级项目单价的分析，对照四级项目工程量，进行作业工序人员配置，设备选型，计算材料消耗量。关键的是进行工序施工生产率分析计算。这就是根据施工组织设计的结果输入单价分析和计算。

3.3.3 工程变更对费用影响评价原则

3.3.3.1 变更对费用影响评价的原则

利用外资进行基础设施和水利水电工程项目建设，依据 FIDIC 合同条件，对合同实施过程中产生的变更进行分类划分。变更单价按照以下原则进行评价处理：

(1)合同《工程量清单》中有适用于变更工作的项目时，应采用该项目的合同单价。

(2)合同《工程量清单》中无适用于变更工作的项目时，则可在合理的范围内参考类似项目的单价或合价作为变更估价的基础，由监理人与承包人协商确定变更后的单价或合价。

(3)合同《工程量清单》中无类似项目的单价或合价可供参考，则应由监理人、发包人和承包人协商确定新的单价或合价。

关于工程变更对费用控制影响的评价分析，对变更新增加项目或原项目合同中没有类似项目单价，拟采用实物量法对变更实施进行资源配置使用的费用分析计算。约束限定在 FIDIC 合同条件下由于变更导致合同工期的调整、采取进一步调整资源配置，包括内资(Local)和外资(Foreign)比例含量的资源调整配置与数值计算分析。

项目工程变更费用分析计算不采用国内现行定额单价法，而是采用国际通行的实物量法进行估算。按照变更实施现场实际发生的人力人时(Man - Hour)、设备台时(E - Hour)和材料(M)耗费量进行单价(Unit - Price)分析，这种单价分析是完全建立在市场机制原则下，进行变更费用的计算研究。

工程变更费用评估同样分为工程直接费用和间接费用两部分分别进行计算分析。工程间接费用部分按照前述内容分别计算，然后分摊到变更合同单价中。在 FIDIC 合同条件下，由于项目使用外资，故在计算直接费用和间接费用时必须按照当地货币和外币分开进行计算。

由于变更引起工期延期，为了确保工程总的工期目标，即在不改变最终完工日期或某一中间完工日期的前提下进行变更处理，则必须采取赶工措施，调整资源配置，这种资源的加强配置与投入，是为了加速项目施工赢得工期，赢得时间，赢得效益。所以，评价这种工程变更处理能充分体现时间的资金价值。

3.3.3.2　变更对项目合同目标的影响评价程序和对费用的影响分析

(1)变更是工程必须的。由于地形地质等条件的改变不实施工程变更,则工程安全性和功能价值得不到保障实现。

(2)变更实施是可行的。经技术评审论证在实际施工中可以实施该项变更。

(3)变更对工期的影响进行了量化分析论证;变更对合同工期的影响,对项目中间完工日期的影响和对总工期的影响进行了评审。

(4)变更的实施产生工期的影响变化,对合同费用的影响量化分析。

(5)变更对费用的影响,对项目单价的改变,对分部工程费用的影响,对项目单元工程的影响,对项目合同总价的影响进行量化分析。

(6)依据 FIDIC 合同条款,对是否进行变更项目的单价进行重新估价分析;变更对原分部工程合同价格的影响程度,变更工程量是否超过 25%;变更对项目合同总价的影响程度,变更费用是否超过合同总价的 2%。

根据工程变更费用计算结果分析,变更实施对项目合同目标的实际影响量化分析。由于变更的实施导致项目费用成本的增加,从而提高了工程的安全可靠度,增加了业主固定资产的资金价值。但是变更的产生导致项目费用成本增加,工程变更对合同目标的影响评价,计算变更索赔获得率指标对衡量评价承包商项目施工组织与管理水平;对业主而言,反映项目管理公司对项目合同实施控制管理水平;对设计而言,总体反映项目勘测精度和设计精度水平。项目变更对合同费用目标的影响应总体控制在项目投资费用目标范围之内。

根据黄河小浪底工程利用外资进行项目建设管理,在合同执行过程中尤其对工程变更的处理,就所产生的变更对合同工期和费用的影响评价,得出工程变更处理的一般评价处理方法和程序,对今后我国水利水电建设管理具有重要的实用价值。

3.3.4　变更费用影响评价案例分析

利用外资进行主体工程国际招标按照 FIDIC 合同条件进行项目建设管理的小浪底工程,在合同履行过程中产生地下厂房顶拱支护变更。针对 FIDIC 合同条件下的研究,分析工程变更对合同费用影响评价工程实例。

按照 FIDIC 合同条件下国际工程项目建设管理程序,对主体国际工程项目合同小浪底厂房发电设施系统进行项目划分。地下主厂房系统划分为一级项目(Major Account),将小浪底地下主厂房锚索支护系统划分为二级项目(Account),二级项目必须进行合同单价分析计算分项费用。二级项目下划分锚索加工制作、锚索钻孔、锚索安装、锚索灌浆、锚索张拉锁定为三级项目(SUB - Account)，三级项目必须形成子单价。三级项目下划分为四级项目（SUB – Division）工序作业，包括锚索下料、清洗、编索加工；钻孔放线、钻孔；锚索运输、混凝土垫墩预制、养护、安装，锚索安装；锚索孔预灌浆、索体灌浆；锚索张拉锁定、防腐保护，分别按作业效率和基础单价计算费用，如表 3-5 所示。

表 3-5　厂房顶拱加强支护变更工程量清单（BOQ）

编号	工作内容	项目分级	工程量	单价	费用
1	厂房锚索支护变更	Account			
1.1	锚索加工	SUB – Account	330 根		
1.1.1	锚索下料	SUB – Division	8 580 m		
1.1.2	清洗	SUB – Division	330 孔		
1.1.3	编索	SUB – Division	330 根		
1.2	钻孔	SUB – Account	8 580 m		
1.2.1	放线	SUB – Division	330 孔		
1.2.2	钻孔	SUB – Division	8 580 m		
1.3	锚索安装	SUB – Account	330 根		
1.3.1	运输	SUB – Division	330 根		
1.3.2	锚索安装	SUB – Division	330 根		
1.3.3	混凝土墩预制养护	SUB – Division	330 个		
1.3.4	混凝土墩安装	SUB – Division	330 个		
1.4	锚索灌浆	SUB – Account	330 孔		
1.4.1	钻孔预灌浆	SUB – Division	330 孔		
1.4.2	索体灌浆	SUB – Division	330 根		
1.5	锚索张拉	SUB – Account	330 根		
1.5.1	锚索张拉	SUB – Division	330 根		
1.5.2	锁定	SUB – Division	330 根		
1.5.3	防腐保护	SUB – Division	330 根		

地下厂房顶拱锚索支护变更项目现场组织实施的施工组织机构，设置 1 名外籍项目主管，1 名中方主管，具体划分为以下作业班组和工序：

（1）锚索垫墩浇筑。

（2）锚索制作加工。

(3)锚索钻孔。

(4)锚索安装。

(5)锚索灌浆。

(6)锚索张拉。

锚索加工制作配置外籍高级熟练工(外籍工长),锚索钻孔、锚索灌浆、锚索张拉各配置1名外籍工长。中方劳务人员划分为高级熟练工、熟练工、半熟练工和普工4个等级。

工长(Foreman):	F:F0001	8.13 USD/h
	L:F0001	
高级熟练工(High Skiller):	F:HS0002	7.20 USD/h
	L:HS0002	7.20 USD/h
熟练工(Skiller)	F:S0003	6.20 USD/h
	L:S0003	6.20 USD/h
半熟练工(Seim - Skiller):	F:SS0004	4.65 USD/h
	L:SS0004	4.65 USD/h
普　　工(Labor):	F:L0005	3.20 USD/h
	L:L0005	3.20 USD/h

锚索使用的钢绞线为国外进口材料,灌浆外加剂,锚索附件为进口材料。钻孔设备选用瑞典ATLAS COPCOMUSTANG - 52履带钻机,钻杆及钻头附件,配置25 m^3/min空压机,灌浆搅拌机、灌浆泵,张拉千斤顶及配套设备,锚具、夹片均从国外进口。在进行锚索施工费用计算中将有部分外资计算分析内容。

锚索施工时,将需要照明、供水、施工通风公共服务设施提供服务,因此,进行锚索费用单价分析计算时,必须考虑辅助系统的施工供水、供电、通风、排水、照明等费用的分摊。

地下厂房施工公共服务设施费用摊销计算分析如下:

(1)施工通风系统组成:

①通风设备折旧台时费。

②通风机安装费。

③通风管采购安装费。

④通风设备运行台时费。

(2)压缩空气设备工作系统组成:

①空压机设备采购、折旧费。

②空压机设备安装费。

③压缩空气储气罐设备购置费。

④压缩空气钢管安装。

⑤空压机运行费。

(3)施工供水管路系统组成:

①隧洞口至工作面的管路安装。

②阀门及附件安装。

(4)施工排水管路系统组成:

①隧洞口至工作面的管路安装。

②阀门及附件安装。

③污水泵购置折旧费。

(5)施工供电系统组成:

①隧洞口至工作面供电线路安装。

②开关变配电设备。

隧洞口以外到业主提供输出引接端的供水、供电管路已经直接计入间接费用中。所以,该部分费用在这里不再考虑。

隧洞中施工的所有工作都与上述风、水、电有关,即共享公共服务设施。如何将上述公共服务设施费用分摊到三级项目单价中,有两种办法。一是将公共设施所有费用全部分摊到隧洞开挖单价中,按每开挖完成单位工程量分摊这部分费用,则其他三级项目不再分摊任何费用;二是将该部分公共设施费用按照地下工程总费用进行分摊,分别计算到三级项目中。一般采用将公共费用分摊到地下工程工程量开挖单价中处理。经计算地下主厂房施工风、水、电公共设施费用均摊到开挖单价3.57 USD/m^3中,如表3-6所示。

表3-6　锚索施工机械设备数量及台时费

设备名称	型号	单位	数量	设备台时费	
				F(USD/h)	L(USD/h)
锚索钻机	MUSTANG－52	台	1	106.21	1.58
空压机	XRVS455	台	1	49.15	6.68
灌浆搅拌机	UNIGROUT200	套	1	18.66	0.18
卡车		台	5	28.43	3.63
升降平台车	5 t	台	2	37.54	3.17
轮式起重机	PPM380/25 t	台	1	119.51	3.84
单臂升降平台车	MERLO	台	1	22.13	1.62
千斤顶	250 kN	套	2		

锚索施工的人员组织主要分为锚索编索加工组、锚索钻孔施工组、锚索安装组、锚索灌浆组、锚索张拉组，如表 3-7 所示。

表 3-7　顶拱锚索加固支护变更人力资源配置

项目内容	工长	高级熟练工	熟练工	半熟练工	普工
锚索加工	1	2	3	5	6
锚索钻孔	1	2	2	1	2
锚索安装	1	1	2	2	2
锚索灌浆	1	1	2	2	3
锚索张拉	1	1	2	1	2
合计	5	7	11	11	15

人员组织中包括外籍人员和当地人员。

锚索施工各工序作业效率分别进行计算如下：

(1)锚索加工制作：包括下料、清洗、编索组装；厂房顶拱锚索设计长度为 25 m，张拉力为 150 kN，现场锚索制作加工为 2 根/d。

(2)锚索钻孔：主要包括放线定位、钻孔；正常为 15 m/h。

(3)锚索安装：主要包括预制混凝土墩、安装；锚索运输、锚索安装固定；平均 2 根/d。

(4)锚索灌浆：主要包括预灌浆、索体灌浆等，2 孔/d。

(5)锚索张拉：主要为预张拉、张拉、锁定、防腐保护，2 根/d。

锚索钻孔、灌浆施工按一天 2 班进行施工，其他按每天 1 班施工。

根据锚索施工工序、人员组成和施工设备选型数量，根据各施工工序生产效率，计算各级项目下的单价及费用，经计算主厂房顶拱加强支护变更锚索单价内资 120.36 元/m，外资 303.33 美元/m。

综上所述，根据 FIDIC 合同条件和小浪底厂房项目合同文件，小浪底工程主厂房顶拱锚索支护设计变更对合同费用目标的影响，按照以下变更管理程序评价分析：

(1)主厂房顶拱因泥化夹层地质构造的影响增加锚索进行加强支护是必要的；支护变更增加厂房顶拱锚索，提高了主厂房的工程安全可靠度。

(2)在主厂房顶拱部位实施无黏结预应力锚索支护施工在技术上是可行的。

(3)厂房顶拱锚索变更对主厂房施工工期产生延期影响，经分析论证，变更的实施对主厂房顶拱施工，二层、三层开挖工期延期影响 6.5 个月，采取积极赶工措施，增加施工支洞通道，对厂房合同项目中间完工日期不进行变更调整，对项目合同总工期不产生根本性影响。经项目合同实施控制，对变更评价结论是正确的。

（4）顶拱加强支护变更实施，对合同费用目标的影响分析。

（5）厂房顶拱新增无黏结预应力 1 500 kN、长 25 m 的锚索在合同工程量清单中没有可类比和参考单价，在 FIDIC 合同条件下采用实物量法进行重新估价分析，确定顶拱预应力锚索支护变更合同单价。

（6）根据 FIDIC 合同条件变更管理程序，厂房顶拱新增加强支护锚索变更，经量化计算分析，此变更费用没有超过项目合同总价的 2%。变更费用对合同目标不产生较大影响。

承包商提出厂房顶拱锚索加固支护变更费用为 3 223 023 美元。工程师根据厂房顶拱锚索单价分析，首先计算出整个厂房加强支护变更锚索施工的直接费用，然后分项计算间接费用，最终确定厂房顶拱锚索变更总费用为 254 万美元。

第 4 章　水利水电工程项目管理应用实践

4.1　案例一:乌江彭水水电站项目合同管理应用实践

4.1.1　水电站项目合同管理案例分析

乌江彭水水电站位于重庆市彭水县境内的乌江上,是乌江干流水电开发的第 10 个梯级电站,设计正常蓄水位 293 m,多年平均发电量 61.24 亿 kWh。设计安装有 5 台单机容量 350 MW 的大型混流式水轮发电机组,设计采用中部式地下厂房布置形式,流道采用单机单洞布置方案。地下电站设计布置地下厂房轴线方向 NE24°,其中水轮发电机组段长 175 m,一机一缝分 5 段布置,安装场布置在右端(山里侧),长 59 m,机组检修和渗漏集水井段布置在左端(靠江侧),长 18 m,主厂房硐室开挖跨度 30 m、最大开挖高度 84.5 m、厂房全长 252 m;在地下厂房上游侧 220.00 m 高程处布置 5 条母线洞,母线洞末端接母线竖井,设计布置 5 条母线出线竖井最大深度 160 m。可将母线引至 380.00 m 高程地面 500 kV 变电所,与主变压器相接。进厂交通洞布置在厂房的右端墙,与安装场相接,进口与 270 m 高程进厂公路相通,交通洞断面 10 m×9 m(宽×高,城门洞形),长约 1 060 m。

地下厂房顶拱为 O_{1n}^{3-2}、O_{1n}^{3-3}、O_{1n}^{4}层灰岩、串珠体页岩等,以厚层、中厚层状岩体为主,岩性差别不大,主要为坚硬岩,新鲜、完整、围岩分类均为Ⅱ类岩体,稳定条件较好。岩体中存在少量夹层、断层及不同方向裂隙发育。

f_8、f_{90}、f_{91}、f_{110}断层分别在集水井段 1#机组、2#机组、4#机组顶拱近垂直穿过,断层带宽度一般小于 0.5 m,局部影响带可达 1.5 m,f_8、f_{91}未见风化、溶蚀,方解石胶结好。f_{90}、f_{110}沿断面有弱风化及轻微溶蚀现象。

主厂房顶拱岩层裂隙较少,走向以 NW 向为主,以中、高倾角为主。而 O_{1n}^{4}层 NW、NE 走向的裂隙较集中,以中、缓倾角为主,尤其缓倾角裂隙与走向 NW 或 NE 陡倾角裂隙及层面组合形成潜在不稳定块体。裂隙大多为方解石,胶结好,偶见沿裂隙面弱风化。

主厂房上游侧边墙岩层倾向洞壁内,边墙岩体为 O_{1n3+4}层灰岩与串珠体页岩,均为Ⅱ类围岩。洞壁中下部为厚层块状灰岩,洞壁中上部为串珠体页岩与薄~中厚层灰岩,岩体较完整。

主厂房下游侧边墙岩层倾向洞内，存在临空面，边墙岩体为 $O_{1n1+2+3}$ 层灰岩与页岩、串珠体页岩，$O_{1n}{}^{2}$ 为Ⅲ类围岩，其余为Ⅱ类围岩。洞壁下部为 $O_{1n}{}^{2}$ 页岩，中上部为串珠体页岩及灰岩。岩体中夹层少，边墙稳定性总体较好。边墙下部为页岩，其岩石强度与灰岩相比较低。

主厂房Ⅱ层主要施工工程量：洞挖 70 602.8 m^3，喷混凝土 580 m^3，砂浆锚杆 $\phi 32$、$L=9$ m、1 244 根，$\phi 32$、$L=6$ m、570 根，岩锚吊车梁预应力锚杆 $\phi 32$、$L=12$ m、2 525 根，岩锚吊车梁张拉锚杆 $\phi 32$、$L=9$ m、505 根，锚索 150 t 级、$L=25$ m、114 束，排水孔 354 个。

乌江彭水水电站地下厂房系统工程建设，2003 年 10 月监理工程师发布开工令，2007 年 12 月 30 日土建工作完成。电站首台机组 2008 年 12 月投产发电，项目建设合同工期 50 个月。2004 年 2 月 10 日完成厂房顶拱开挖施工。2004 年 5 月 20 日完成主厂房第二层岩壁梁部位开挖，2004 年 7 月 15 日完成岩锚梁预应力锚杆及边墙系统锚杆支护。2004 年 10 月 20 日完成主厂房第三层开挖。2004 年 10 月 11 日至 12 月 31 日，进行了第五层上下游侧的导洞开挖，上游侧已贯通，下游侧洞挖（桩号 0 + 090 ~ 0 + 154）长 64 m，断面 8 m × 7.5 m，高程为 200 ~ 207.5 m。

根据厂房顶拱开挖揭示的实际地质条件，主厂房顶拱区域出露地层为 f_8、f_{90}、f_{91}、f_{110} 断层 $O_{1n}{}^{3-2}$、$O_{1n}{}^{3-3}$、$O_{1n}{}^{4}$ 层灰岩、串珠体页岩等，裂隙组合比合同招标前地质勘测揭示成果增多，岩石中两组主要裂隙在厂房上游桩号 0 + 200 左右交汇切割成倒三角块体，尤其受 f_{110} 断层切割影响，顶拱与上游边墙交接部位节理裂隙发育，施工开挖爆破使顶拱部位围岩应力进行调整重分布，岩层相对较为破碎，灰岩强度较低且较脆，出现局部掉块。产生上述地质缺陷对主厂房顶拱围岩安全稳定性和施工安全造成不利影响。

主厂房由于层面及节理裂隙的切割影响及锚索支护滞后等原因，在厂房第二、三层开挖爆破施工过程中，出现了边墙表层的围岩松动、沿层面张开滑移及局部掉块现象。

主厂房下游边墙沿岩层面张裂错动现象主要发生在 $O_{1n}{}^{3-1}$ 薄层灰岩与串珠体页岩互层中，缝宽 1 ~ 2 cm 并随开挖变形持续发展，一般张开宽 5 ~ 10 cm，桩号 0 + 186.5 处最大张开错动变形 11 cm，支护后稳定。

主厂房下游边墙松动圈的物探检测，下游边墙松动圈：强卸荷松弛带宽度 0 ~ 3.8 m，最大 4.35 m；中等卸荷松弛带影响深度 6.8 m，最大 7.1 m，中等卸荷带的厚度 1.85 ~ 4 m；7 m 以后深部岩体为微松动区，影响较小。

主厂房在开挖施工过程中，在主厂房桩号 0 + 36、0 + 106、0 + 176 分别布置多点位移计进行变形安全监测，测得累计最大位移 12.4 mm 出现在高程 229 m，桩号 0 + 106 处。

在工程建设实际施工过程中，通过对地质情况的揭露，设计提出对主厂房顶拱、上游及下游边墙进行加固支护变更处理。

4.1.1.1　水电站项目厂房系统合同管理

根据合同文件项目划分，地下厂房系统工程主要包括：主厂房硐室工程土建及金属结构施工、母线系统硐室工程、通风及排水系统硐室工程、机组检修闸门硐室工程、500 kV 变电站工程、尾水管工程(0 +016.15 ~0 +076.325 段)、引水隧洞工程(0 -061.38 ~0 -012.35 段)、硐室地质缺陷处理、厂房外围防渗排水工程和 W_{84} 岩溶截水处理工程等。厂房系统硐室群布置如图 4-1 所示。

地下厂房开挖分层图

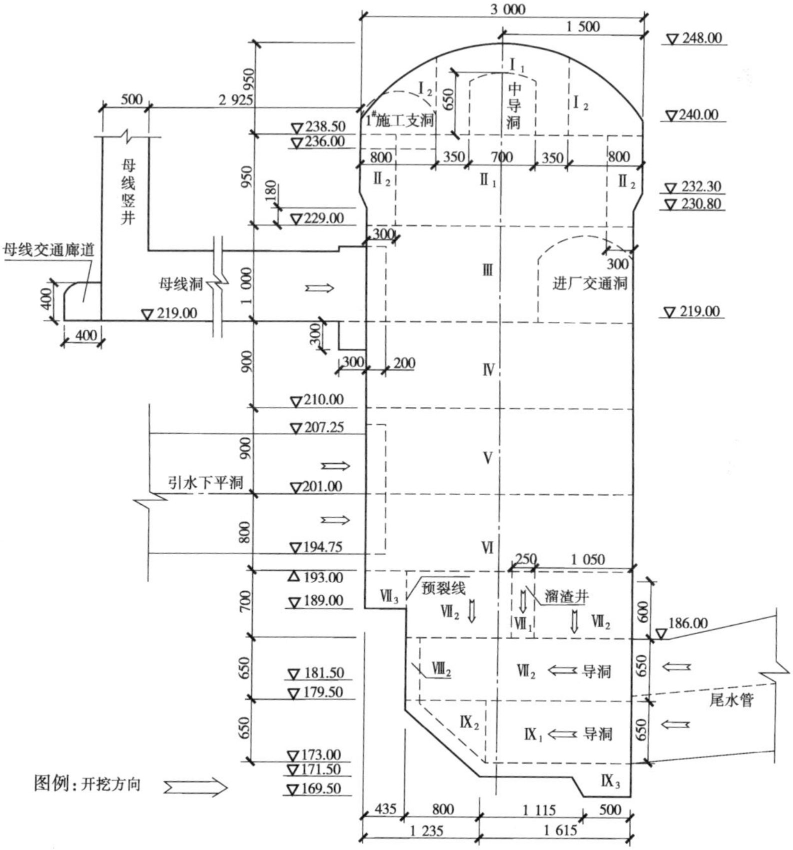

图 4-1　厂房系统硐室群布置图　(单位：m)

地下厂房系统各硐室主要工程特性及施工内容如表 4-1 所示。

表 4-1　地下厂房系统硐室工程特性及施工内容

序号	名称	典型开挖尺寸 (长×宽×高,m)	数量	施工内容
1	主厂房	252×30×76.5	1	包括地下厂房硐室的开挖、支护、排水;岩壁吊车梁的锚固及混凝土浇筑;地下厂房内结构混凝土浇筑;钢筋制安、砌砖体、预埋件、吊顶钢结构制安、建筑与装修等
2	母线洞	25×8.5×7.3	5	包括各类硐室(竖井)的开挖、支护;衬砌混凝土浇筑;结构混凝土浇筑;各硐室的防潮、排水等工程项目
3	母线竖井	160.7×6.0×5.0	5	
4	交通竖井	160.7×7×7.3	1	
5	母线交通廊道	168×3.3×3.3(EL342) 183×3.3×3.3(EL303) 220×3.3×3.3(EL276.5) 234×4.0×4.0(EL220)	4	
6	500 kV 变电站	石方明挖 24 万 m^3	1	包括变电站场地建筑物基础及其边坡的开挖、支护、排水;地坪混凝土浇筑;GIS 室、中控室及管理楼的结构混凝土浇筑;电缆沟、槽及油坑的开挖及衬砌混凝土浇筑;场地周围的截、排水设施等项目的施工
7	尾水检修闸门廊道	211.15×9.2(下宽 7)×34.6	1	包括硐室(竖井)的开挖、支护;结构混凝土浇筑;衬砌混凝土浇筑等工程项目的施工
8	尾水检修闸门井	84.5×17×6.15	5	

续表 4-1

序号	名称	典型开挖尺寸 (长×宽×高,m)	数量	施工内容
9	通风管道洞	25×15×7.5	1	包括各类硐室的开挖、支护;衬砌混凝土浇筑;结构混凝土浇筑;各硐室的防潮、排水等工程项目的施工
10	通风排烟洞	93.2×5×5	1	
11	排水管道洞	152.4×5×5	1	
12	引水下平洞	1#引水洞:109.31×Φ16.4 2#引水洞:92.99×Φ16.4 3#引水洞:81.67×Φ14.9 4#引水洞:65.35×Φ14.9 5#引水洞:49.03×Φ12.9	5	引水隧洞下平段的开挖、支护
13	尾水管	56×17×12(19)	5	包括尾水管的开挖、支护;衬砌混凝土浇筑等项目的施工
14	第一层排水洞	312×2.7×3.4(3.1×3.6)	3	包括排水洞(竖井)的开挖、支护;结构混凝土浇筑;衬砌混凝土浇筑;排水孔幕的造孔、安装;地下厂房左右两侧防渗帷幕的钻孔及灌浆;抽排水设施的埋件制安
	第二层排水洞	312×2.7×3.4(3.1×3.6)	2	
	第三层排水洞	312×2.7×3.4(3.1×3.6)	2	

地下厂房系统工程开挖支护主要工程量汇总如表 4-2 所示。

表 4-2　地下厂房系统工程开挖支护主要工程量汇总

工程项目	明挖(m^3)	洞挖(m^3)	喷混凝土(m^2)	锚杆(根)	锚索(根)	钢支撑(t)	挂钢筋网(m^2)	挂铁丝网(m^2)
主厂房		421 503	42 953	2 662	1 108			
母线洞、母线交通及竖井		53 626	36 159			37		

续表 4-2

工程项目	明挖(m^3)	洞挖(m^3)	喷混凝土(m^2)	锚杆(根)	锚索(根)	钢支撑(t)	挂钢筋网(m^2)	挂铁丝网(m^2)
通风洞及安全通道		7 666	2 381	3 001				
机组检修闸门井	40 524	99 423	4 113	19 765			5 812	
尾水管		79 338	14 988	6 662		150		
500 kV变电站	338 965		35 806	7 191				35 806
引水下平洞		64 457	18 448	5 820				
硐室地质缺陷处理	7 284	35 308	6 483	5 214	200	45	8 241	
厂外防渗排水	1 000	36 692	10 614	5 689			4 586	
W84#岩溶系统排水		6 929						
合计	387 773	804 942	219 355	95 455	1 308	232	18 639	35 806

4.1.1.2　电站项目工作分解结构 WBS

水利水电建设工程项目工作分解结构(WBS)的分解原则,建立一套标准的WBS分解体系对提高工程项目管理水平、建立工程项目管理信息化系统十分重要。尤其对整个工程项目的组织管理、合同进度管理、合同造价管理和项目资源管理与控制,提高项目信息化管理水平具有重要意义。

随着我国经济发展水平快速增长、建筑业规模持续扩大、市场经济的逐步完善,为适应建设复杂工程项目的管理需要,尤其为我国建筑企业在加入 WTO 后快速进入国际市场,当前急需快速培养逐步具备国际竞争力的国际型工程公司的形态和功能的项目管理公司。

但我国目前工程项目管理仍存在许多问题,主要表现在:①项目管理不规范;②项目参与方的工作范围不明确和职责不清;③业主或项目管理方对项目进度、费用和质量控制的监控，难以满足对项目条件变化的及时调整、控制管理、甚至决策的需要；④缺乏统一的项目管理信息标准和整体策划规划，导致已形成的项目信息管理平台之间难以实现信息资源共享，项目实施中获得的各类信息指标，如资源、费用、进度、质量或安全环保（HSE）的影响因素、施工工艺、材料或设备的市场信息等，缺乏有效的、持续的积累。

基于以上问题，我国需要着手以下两方面的工作：①建立项目规范化、标准化的业务流程；②建立项目参与各方联系起来的统一的、标准化的 WBS 分解体系。换句话说，就是需要在项目参与各方之间，建立一种统一的、规范化的"项目管理沟通语言"或项目信息化分类标准。在此基础上建立的项目管理信息系统（MIS），既规范了企业项目管理行为和流程，也保证了项目信息沟通平台信息渠道畅通，实现了项目合同条件下各建设参与方项目信息资源的共享。同时，确保业主和项目管理方获得准确、实时的项目信息，真正高效地实现对整个项目安全统一的计划和管理及进度、成本和质量的控制。

1. 建立标准的工程项目 WBS 分解体系的意义

建立 WBS 可以实现的项目管理功能，可实现：

（1）将项目分解为相互独立的、容易充分管理的、逻辑关系清晰的项目作业或设施。

（2）分配负责这些项目作业或设施的项目岗位、人员或单位，与其组织机构分解结构（OBS）相关联。

（3）设定这些项目作业或设施之间的业务逻辑关系、工作顺序，做进度计划安排。

（4）计划实施这些项目作业、活动、产品或设施所需的资源分解结构（RBS）、人员、材料或设备，方便项目费用估算。

（5）确定这些项目作业、活动、产品或设施应符合的质量标准、规范、安全环境保护规定。

（6）项目 WBS 和 OBS，得到职能责任矩阵，形成项目各参与方的沟通平台，制定沟通项目管理计划与过程控制。

（7）标准规范统一的 WBS、RBS、OBS，有助于对整个项目的工作范围、费用、进度和质量、HSE 管理进行计划和协调管理控制，提高管理效率。

（8）对 WBS、RBS 和 OBS 进行统一编码，建立统一的项目管理信息平台，关联与项目有关的各类数据，实现对工程项目的实时控制，也为各参与方调整计划，控制变更，提供及时的项目决策依据。

（9）统一的项目管理信息系统的建立，帮助企业、项目参与方形成自身需要的各类工程项目数据库平台，指导今后类似项目工程的管理工作。实现更加科学、高效的管理与控制。

2. WBS 的主要分解原则

进行 WBS 分解时,分解得到的项目作业或设施应是:

(1)可定义的可以说明其工作内容或目标,相互逻辑关系清晰且容易被项目各参与方理解,进行项目管理与控制。

(2)可管理的可以分配给一个岗位人员、部门或单位,明确该人员、部门或单位岗位职责(OBS)。

(3)可测量估算量化完成工作所需时间、资源及其费用大小。

(4)可定义的该项工作活动(Item)计划开始(ST)和结束时间(FT),制订里程碑(MILESTONE)计划。

(5)独立的各项目活动工作或设施之间的分界面或依赖性最小,提供清晰的工作界面。

(6)专业的符合专业资质分类要求。

(7)完整的层级关系,每一级的下一级所有项目作业或设施之和构成它的项目活动作业或设施的工作范围,所有项目作业或设施一起构成一个完整工程项目的工作范围。

(8)可适应的工程项目工作范围发生变化时,可灵活方便地增加或减少相应项目的活动产品或设施,调整其项目作业的时间参数和资源配置。

4.1.2 厂房系统施工程序

4.1.2.1 施工程序安排原则

根据乌江彭水水电站地下厂房系统工程的布置特点,考虑厂房揭露的施工地质条件和顶拱围岩及边墙安全稳定,必须制定科学合理的施工程序,施工程序按以下原则安排:

(1)利用前期完成的 1#施工支洞作为厂房顶拱施工通道,尽早进入厂房施工。

(2)地下主厂房厂区排水系统和防渗帷幕尽早完成,降低围岩裂隙水压力,提高主体硐室围岩的安全稳定性。

(3)厂房顶拱Ⅰ层开挖应及时贯通中导洞,改善厂房系统施工的通风散烟问题。

(4)先进行厂房第Ⅲ层边墙预裂,再进行岩锚吊车梁锚杆及混凝土施工,减少Ⅳ层开挖爆破震动对岩锚梁混凝土的影响。

(5)适时安排 4#施工支洞的施工,为母线洞和母线竖井开挖支护创造条件,优先施工 5#母线竖井,并及时完成通风洞的开挖,改善引水下平洞群施工通风。

(6)为加快主厂房施工,努力实现合同工期目标,从尾水洞的尾水管上、下层分别超前开挖厂房第Ⅷ、Ⅸ层,不占用厂房开挖直线工期,同时为机组检修闸门井开挖创造条件。

4.1.2.2　厂房施工程序及特点分析

1. 厂房施工特点分析

根据彭水水电站地下厂房系统工程硐室布置特点、厂区工程地质条件及合同图纸与技术条款分析,地下厂房系统工程开挖支护施工主要有以下特点:

(1)地下厂房硐室群多、结构复杂,主要硐室断面大,开挖支护工期紧,施工强度高,为保证硐室群的整体稳定,合理安排主要硐室的开挖支护程序是重点。

(2)根据招标文件要求为本合同标段服务的 $3-1^{\#}$ 和 $3-2^{\#}$ 等施工支洞与其他合同标段共用,施工干扰较大,施工通道对地下厂房系统工程合同工期目标的实现影响非常大,所以充分利用业主提供的条件,合理规划施工通道是彭水地下电站厂房开挖支护施工的关键点。

(3)根据工程地质条件分析,厂房顶拱上游侧被 H406、C2、C3、C4 等夹层切割;上游侧边墙 404、406 等夹层距边墙很近,沿整个上游边墙均有分布且性状较差;下游侧边墙高程 220 m 附近为 $O_{1n}{}^{2}$ 页岩出露层,其岩石强度与灰岩相比较低;此外由于岩层倾向洞内,倾角较陡,整个厂房边墙可能形成潜在不稳定块体。邻近厂房的上下游分布有岩溶洞穴的存在和地下水溶蚀作用,这些都对厂房大跨度成拱稳定和高边墙塑性稳定有不利影响,因此保证厂房围岩稳定和施工安全是彭水水电站建设过程控制的重点和难点。

(4)地下厂房硐室群布置中,洞与洞、洞与井交叉、相贯部位较多,仅上游布置有母线洞 5 条、母线交通廊道 3 条、母线竖井 5 条和交通竖井 1 条。厂房上游岩锚梁至母线洞岩体较薄仅约 4 m,母线洞至引水下平洞间的岩体也较薄为 9 ~ 12 m,需按照施工过程应力重分布进行合理安排施工程序,采取加强支护措施,确保高边墙稳定,这是主厂房施工的难点。

(5)预应力锚杆岩壁吊车梁设计荷载大,施工质量要求高,特别是对岩锚梁岩台开挖精度要求高,这是施工过程控制的重点。

(6)母线竖井和交通竖井开挖深度达 160 m,其间穿越 KW_{51} 岩溶系统 60 m 左右,开挖支护及混凝土施工难度较大。

(7)硐室群空间交叉布置,施工通风散烟问题突出,是制约进度的控制点。

(8)彭水水电站属灰岩地区,岩溶发育,地下水较丰富,厂房工作面处在最低处,施工期间遭受岩溶突发透水袭击风险大,抽排水困难。所以,岩溶系统处理和完善排水系统布置是项目施工开挖的风险控制难点。

2. 施工技术措施

针对彭水水电站地下厂房系统工程建设的重点、难点,经参建各方认真分析，为确保合同工期目标的实现，根据施工总体规划，制定以下主要技术对策：

(1) 根据工期要求及硐室群的布置特点，以主厂房开挖支护为中心，尽量结合永久硐室规划使用施工支洞，保证厂房开挖支护有足够的通道，多开工作面、加快施工进度。

(2) 合理安排主厂房、母线系统和机组检修闸门系统的施工程序，确保厂房硐室群的整体稳定，减小厂房围岩的塑性变形。母线洞、母线竖井、机坑、引水下平洞、尾水管及机组检修闸门井跳洞分组开挖，保证洞间岩柱的稳定。

(3) 根据硐室围岩地质条件、硐室断面的大小及施工程序安排，主厂房、机组检修闸门室、引水下平洞和尾水管采取分层、分部开挖，主厂房和机组检修闸门室顶层采取分部开挖支护，开挖过程中及时进行支护，保证围岩及洞间岩柱稳定。

(4) 硐室开挖按“新奥法”原理，开挖后适时进行喷锚支护，避免因支护不及时而发生坍塌，厂房、母线竖井和机组检修闸门室的支护分层进行，在同一立面上按“上层开挖支护结束后，再开挖下一层”的原则。厂房开挖时在平面上充分利用厂房轴线长度大这一特点，展开开挖超前，支护跟进和上层支护与下层开挖错距平行交叉作业，合理实现上、下层工序搭接，增加单层开挖支护有效时段。对穿过厂房、母线洞边顶拱的断层、结构面及影响带，以及经分析可能存在的不稳定楔形体，在开挖前采取超前支护措施，开挖后及时进行喷锚支护。对断层及软弱破碎带，开挖后及时按设计要求进行处理。开挖过程中，适时埋设观测仪器加强变形监测，做到及时反馈信息，指导开挖支护施工。

(5) 为保证各硐室开挖质量，各硐室开挖根据具体情况采用光面爆破和预裂爆破技术，施工前进行爆破设计，并选用类似洞段进行爆破试验，选择爆破材料和爆破参数，施工中对爆破震动进行跟踪监测，根据实际地质情况和监测资料对爆破参数进行调整。

(6) 厂房、机组检修闸门室岩台在Ⅱ层开挖，为保证岩台的成型质量，边墙采取预留水平保护层开挖方式。一般采取的开挖程序为：边墙预裂→中槽两侧预裂→中槽开挖→保护层及岩台开挖。岩锚梁部位预留的水平保护层厚度根据爆破试验确定，开挖采用控制爆破技术，严格控制装药量，使爆破对岩台的影响减小到最低限度，并控制岩壁斜面角度偏差小于 4°，超挖不大于 20 cm，残孔率应大于 90%，无欠挖。厂房、机组检修闸门室Ⅲ层以下各层开挖过程中，为减小爆破对高边墙围岩的影响。安装场、机组检修闸门室底部和机坑岩墩预留保护层水平光爆开挖，机坑底部预留保护层浅孔松动爆破开挖，保证水平建基面岩石的完整性。

(7) 洞与洞交叉及厂房高边墙部位开挖时，采取合理的施工程序，保证硐室围岩和高边墙的稳定。具体程序如下：

①厂区排水系统和防渗帷幕应尽早安排施工，降低围岩裂隙水压力，提高主

体硐室围岩稳定性。

②母线洞、引水下平洞和尾水管的开挖进度安排应与厂房高边墙开挖进度相适应，在高边墙开挖至上述硐室的交叉部位前，母线洞、引水下平洞、尾水管已开挖完成，并贯入厂房1～2 m，做好锁口锚喷支护。

③厂房上游岩锚梁至母线洞岩体较薄（约4 m），母线洞开挖结束后，及时进行母线洞厂房端锁口混凝土施工，并及早进行母线洞衬砌混凝土施工，以增强厂房上游边墙稳定性，保证岩锚梁稳定。

受前期开挖进厂交通洞施工进度的影响，进厂交通洞无法按原工期提交，必将导致4#施工支洞施工时间滞后，施工期间对投标时的4#施工支洞进行调整，由原来从进厂交通洞进入改为从1#施工支洞提前进入进行施工，以便能及早进行母线洞混凝土衬砌施工，以增强主厂房上游边墙和岩锚梁的稳定。

(8)加强施工期安全监测。根据硐室开挖过程中地质情况及硐室结构特点，设置动态变形观测点、围岩收敛监测断面及爆破振动观测点进行监测，根据变形观测数据分析结果，对开挖过程中硐室稳定进行评判，根据量测信息反馈结果，调整各单项工序的施工参数。

(9)在3－2#施工支洞末端新增一条通风竖井通向4#施工支洞，向5#母线竖井排风改善引水下平洞施工期间通风效果，新增通风竖井。

(10)为保证尾水管的开挖进度与厂房高边墙开挖进度相适应，增设5#施工支洞。

(11)施工中采用地质探测雷达和超前中洞测地质情况，开挖中按设计要求及时对岩溶洞穴进行有效处理，同时完善厂房排水设施，满足主厂房施工排水要求。

(12)开挖支护工期保证措施。

①充分利用1#施工支洞和通风洞、4#施工支洞和进厂交通洞、3－1#与3－2#施工支洞、尾水管和引水下平洞，合理安排施工程序，形成厂房开挖支护多工作面同时施工的局面，确保施工顺利进行，并满足本工程工期要求。

②地下厂房系统施工围绕主厂房这一关键线路展开，统筹安排主厂房、母线系统和机组检修闸门系统、通（排）风洞及排水洞等其他硐室的施工，形成“平面多工序、立体多层次”的施工作业布局，保证整个地下厂房系统工程施工全面稳步推进。

③在主厂房、机组检修闸门室大硐室施工中，合理规划开挖分层及施工程序，充分利用厂房硐室的空间特性，实现各开挖分层间的合理搭接，保证各单项作业有足够的施工时段，实现厂房施工质量和总体合同工期目标。各层施工选用合理的施工机械设备，组织开挖、锚杆、锚索支护、喷钢纤维混凝土等多工序平行交叉作业，在保证施工安全有序的前提下，在立面上安排多工作面平行或交叉作业。充分利用尾水通道进行厂房Ⅷ、Ⅸ层主体部分开挖，以加快施工进度。

④配备具有丰富地下工程施工经验的工程技术及管理人员，组织地下厂房系统工程的施工。

⑤利用沿江侧布置通风洞，以及1#施工支洞、进场交通洞，布置机械通风与自然通风相结合，改善施工环境，提高工作效率，加快施工进度。

⑥各工作面在开挖阶段合理组织开挖、锚杆、喷钢纤维混凝土、预应力锚索的平行交叉作业，达到总合同工期要求。

4.1.2.3　施工通道布置

厂房系统工程开挖支护主要施工通道规划如表4-3所示。

表4-3　厂房系统工程开挖支护主要施工通道规划

通道名称	高程（m）	长度（m）	断面尺寸（m）	承担主要工作内容
1#施工支洞	EL277～236	587.6	8×6	厂房Ⅰ、Ⅱ层、通风管道洞、通风排烟洞和排水管道洞等开挖支护
施工通风洞	EL241～250	152.4	5×5	厂房Ⅰ层，通风散烟洞及排水管道洞开挖支护
进厂交通洞	EL270～219	989.6	10×9	厂房Ⅲ、Ⅳ层开挖支护
4#施工支洞	EL242.1～219.5	559.95	8×6（5×5）	母线洞、母线竖井、交通竖井和母线交通廊道开挖支护，以及辅助厂房Ⅲ层开挖支护
3－2#施工支洞	EL194～196	524.3	8×6	引水下平洞、厂房Ⅴ、Ⅵ层开挖支护
3－1#施工支洞	EL205.6～181.5	493.5	8×6	尾水管、厂房Ⅶ、Ⅷ、Ⅸ层、机组检修闸门竖井等开挖支护
5#施工支洞	EL217.743～228.0	88.759	6.5×6.5	提前开挖尾水隧洞Ⅰ层
17#公路	乌江公路索桥右桥头至检修闸门廊道EL270	1 100	路基宽8.0	机组检修闸门室、检修闸门竖井等开挖支护
11#公路	新东风桥右桥头至500 kV变电站EL380	2 200	路基宽8.5	500 kV变电站、母线竖井和交通竖井等开挖支护

注：其他场内外交通另见施工通道总布置图。

4.1.3　主厂房原支护设计方案

彭水水电站地下厂房支护以喷锚支护为主，其中主厂房全断面采用厚度 15 cm、C25 的钢纤维混凝土喷护；主厂房顶拱采用间排距 1.5 m×1.5 m，长 10 m、短 8 m 相间，直径 32 mm 系统中空注浆张拉锚杆，单根锚杆张拉力 150 kN。厂房上下游边墙，采用间排距 1.5 m×1.5 m，长 9 m、短 6 m 相间、直径 32 mm 系统砂浆锚杆和张拉锁定吨位 1 500 kN、间排距 4.5 m×4.5 m、长度 25 m 无黏结1 860 MPa 预应力锚索，考虑到围岩的后期变形影响，预应力锚索钢绞线材料按2 000 kN 设计。对各交叉洞口处设置锁口锚杆并采取“先小洞后大洞”开挖原则。

在各尾水管间的岩埂处，除岩埂顶部采用间排距 1.5 m×1.5 m 的系统砂浆锚杆外，在两侧还采用了对穿预应力锚杆对岩埂进行加固。

4.1.4　主厂房围岩支护变更

彭水水电站地下厂房围岩的支护设计，充分考虑了地下厂房岩层顺层走向的布置特点，厂区围岩的地质条件，在大量设计论证、试验研究及数值分析的基础上，根据施工中不断揭示的围岩情况、变形特征，结合施工期的安全监测和补充的检测试验成果进行动态设计，及时调整设计支护参数。

4.1.4.1　主厂房顶拱支护参数变更

针对施工揭露的实际工程地质条件，设计提出地下主厂房顶拱支护参数进行变更，要求采取加强支护措施。具体变更支护参数为：在顶拱上游侧出露夹层 406#、404#、401#、305#、303#部位，沿主厂房轴线桩号 0+00～0+252 m 顶拱上游侧全长范围内，增加 3 排直径 32 mm、长度 $L=12$ m 的中空注浆张拉锚杆，间距 BW1.5 m，如表 4-4 所示。沿厂房顶拱下游侧与边墙交界部位增加一排直径 32 mm、长度 $L=12$ m 的中空注浆张拉锚杆，间距 BW1.5 m。因实际地质条件的改变，需要增加布置加长中空张拉锚杆数量共 950 根。将原顶拱与边墙交界布置的直径 32 mm、长度 $L=12$ m 的砂浆锚杆更改为中空注浆张拉锚杆。张拉锚杆张拉力为 150 kN。在顶拱下游侧增加布置宽 15 m、沿厂房轴线全长布置机编网，挂网面积为 3 350 m^2。

表 4-4　地下电站主厂房顶拱加固支护变更参数

序号	项目	规格	单位	数量	备注
1	张拉锚杆	Φ32 mm，$L=12$ m	根	950	$F=150$ kN
2	张拉锚杆	Φ32 mm，$L=10$ m	根	46	$F=150$ kN
3	张拉锚杆	Φ32 mm，$L=8$ m	根	-2	$F=150$ kN

续表 4-4

序号	项目	规格	单位	数量	备注
4	张拉锚杆	ϕ32 mm, L = 6 m	根	222	F = 150 kN
5	砂浆锚杆	ϕ32 mm, L = 9 m	根	-188	
6	砂浆锚杆	ϕ32 mm, L = 4.5 m	根	37	
7	机编铁丝网	ϕ2.6 mm	m^2	3 315	含锚杆固定

4.1.4.2　厂房边墙变更支护参数

(1)对主厂房的上、下游边墙围岩进行系统的固结灌浆，提高厂房高边墙围岩浅表层受爆破影响和应力松弛区的围岩变形模量及完整性，灌浆压力宜通过现场试验确定。

(2)增加上游边墙岩锚梁以下各硐室间岩柱区域的预应力锚索。岩锚梁上部增加一排预应力锚索 54 束，岩锚梁以下各洞间岩柱区域增加 52 束，下部后期开挖的边墙增加 60 束。

对下游边墙，将系统锚索的倾角从下倾 10°改为上仰 10°布置；岩锚梁上部 EL237.5 m 的锚索加固调整型式同上游墙增加一排预应力锚索 54 束；EL 218.0 m 以上至岩锚梁下边的补充锚索 102 束，在原已施工的系统锚索间、排距4.5 m×4.5 m 的基础上，采用中间插入的型式进行加强。

对主厂房 EL 219.0 m 以下的围岩，充分利用主厂房第Ⅳ层全断面开挖以前，对上下游边墙形成的横向支撑作用，沿主厂房第Ⅴ层边墙开挖出通道，对第Ⅴ层上下游边墙进行超前的系统锚杆、预应力锚索支护，此外，在 EL189.0 ~ 218.0 m，预应力锚索的间、排距从 4.5 m×4.5 m 改为 3.0 m×3.0 m，增加支护强度。

将下游边墙 EL219.0 m 以下，O_{1n}^2 层页岩出露区域的系统砂浆锚杆改为系统 150 kN 中空注浆预应力锚杆，直径 32 mm，张拉力 150 kN，锚杆间、排距 1.5 m×1.5 m，长度应穿过 O_{1n}^2 页岩层，长度 L 可取 8 m、10 m 或 12 m，配合喷 C25 钢纤维混凝土、系统固结灌浆、2 000 kN 预应力锚索，能够保证下游边墙的稳定并对页岩提供支护抗力保护。

(3)将下游边墙 EL219.0 m 以下，O_{1n}^2 层页岩出露区域的预应力锚索的间、排距从 4.5 m×4.5 m 改为 3.0 m×3.0 m，增加支护强度是必要的。鉴于页岩变模相对较低，锚固力可以适当降低，锚垫尺寸可以适当加大。

(4)水轮机层 EL209.0 m 以下的边墙预应力锚索，钢绞线材料 1 860 MPa 按 1 500 kN 设计调整。

4.1.5　工程变更影响评价分析

4.1.5.1　工程变更前合同工期分析

按照投标合同进度分析，承包商地下电站厂房系统施工合同总工期50个月，其中主厂房顶拱开挖及支护施工合同工期为4.5个月。根据承包商投标文件《乌江彭水水电站地下电站主厂房及附属工程施工进度计划》，经监理工程师批准的第一版进度计划相应中间完工日期及节点工期为：

(1)厂房一层顶拱开挖支护2003年10月1日开工，2004年2月10日完工。

(2)厂房二层开挖及支护2004年2月11日开始，2004年5月10完成。

(3)厂房二层岩锚梁混凝土施工2004年5月11日开始，2004年7月10日完成。

(4)厂房三层开挖及支护2004年7月11日开始，2004年8月31日完成。

(5)厂房四层开挖及支护2004年9月1日开始，2004年10月20日完成。

(6)厂房五层开挖及支护2004年10月21日开始，2004年12月20日完成。

(7)厂房六层开挖及支护2004年12月21日开始，2005年1月31日完成。

(8)厂房七层开挖及支护2005年2月1日开始，2005年3月31日完成。

(9)厂房八层开挖及支护2004年8月1日开始，2004年9月30日完成。

(10)厂房九层开挖及支护2004年10月1日开始，2004年11月30日完成。

主厂房第8层、第9层通过尾水管与厂房第5层、第6层同步进行开挖施工，不占直线工期。

主厂房承包商在进场后经批准的第一版总体合同进度的前提下，根据现场实际进度情况，调整制订2004年度主厂房及附属硐室工程施工进度计划，经项目监理工程师审查批准。相应节点工期为：

(1)2004年2月28日完成主厂房顶拱第一层EL238 m开挖及支护。

(2)2004年6月30日完成主厂房第二层岩臂吊车梁EL229 m开挖施工。

(3)2004年8月30日完成主厂房第三层EL219 m开挖及支护。

(4)2004年10月1日完成主厂房第四层EL210 m开挖及支护。

(5)2004年12月30日完成主厂房第五层EL201 m开挖及支护。

4.1.5.2　变更工期评价分析

1.项目执行进度分析

由于厂房顶拱因地质缺陷引起顶拱支护设计参数的变更，且因承包商原因承建单位采购供应的张拉锚杆供货不及时，承建单位支护设备及人员数量不足，加之现场组织管理不当，主厂房顶拱一层、二层开挖支护进度比经批准执行的第一版合同进度计划和 2004 年度施工计划相比较均有所滞后。

现场实际执行完成的节点工期为：

(1)主厂房顶拱一层开挖完成时间 2004 年 1 月 15 日。

(2)主厂房顶拱一层系统锚喷支护变更加强支护完成时间 2004 年 4 月 28 日。

(3)主厂房二层开挖完成时间 2004 年 5 月 31 日。

(4)主厂房二层系统锚喷支护完成时间 2004 年 7 月 20 日。

(5)主厂房二层岩锚梁混凝土未按合同计划 2004 年 7 月 10 日施工完成，岩锚梁变更为第三层浇筑，实际完成时间为 2005 年 3 月 20 日；延期 9 个月。

按照合同进度计划，厂房第二层控制工期的关键项目岩锚梁施工计划 2004 年 7 月 10 日完成，而现场实际未能按期进行二层岩锚梁施工，其主要原因是合同规定的业主的混凝土拌和系统不能按时投产供应成品混凝土。经监理工程师分析评价认为，主厂房顶拱增加加强支护变更，使位于关键线路上的厂房顶拱施工，二层、三层开挖施工工期相应延期 2 个月。由于承包商采购张拉锚杆供货不及时，施工设备故障影响工期 0.5 个月，实际中间完工日期延期推后 2.5 个月。

对主厂房围岩支护变更分析，监理工程师分析评价认为第一版初始合同进度计划实现存在较大潜在工期风险，主要为地质条件等不可预见风险因素制约，项目施工进度指标选值过高。项目实际执行过程中，主厂房顶拱及边墙支护产生变更，主厂房边墙 EL238 m 以下加密系统锚索布置，增加变更为系统锚索 2 000 kN、$L=25$ m 预应力锚索 648 束，新增系统固结灌浆等工作。主厂房开挖完成时间合同计划为 2005 年 3 月 15 日，因变更实施实际执行进度将延期为 2005 年 12 月 30 日，延长工期 9.5 个月。变更对主厂房机组安装交面节点控制工期产生影响，原合同进度计划第一台机组安装开始时间为 2006 年 8 月 1 日延期为 2007 年 1 月 1 日；第一台机组投产时间由合同计划为 2006 年 12 月 31 日延期为 2007 年 10 月 1 日，合同工期延期 10 个月。针对主厂房顶拱变更的产生，监理工程师要求承包商采取赶工措施，对原初始合同进度计划进行修正。

主厂房围岩支护变更工期分析评价如表 4-5 所示。

合同规定的业主的混凝土拌和系统目前不能按时于 2004 年 7 月投产供应低温成品混凝土，承包商提出调整主厂房二层部位的混凝土岩锚梁施工计划和施工程序，产生施工程序变更。

表4-5　主厂房围岩支护变更工期分析评价

序号	中间里程碑	合同中间完工日期（年-月-日）	实际中间完工日期（年-月-日）	工期延期（月）	注明
1	主厂房顶拱一层开挖支护	2004-02-10	2004-04-30	2.5	
2	主厂房二层开挖支护	2004-05-10	2004-07-20	2.5	
3	主厂房二层岩锚梁施工	2004-07-10	2005-03-20	7.5	
4	主厂房三层开挖支护	2004-08-31	2005-04-30	8.0	
5	主厂房四层开挖支护	2004-10-20	*	*	预测
6	主厂房五层开挖支护	2004-12-10	*	*	预测
7	主厂房六层开挖支护	2005-01-31	*	*	预测
8	主厂房七层开挖支护	2005-03-15	*	9.5 *	预测
9	主厂房八层开挖支护	2004-09-30	*	*	预测
10	主厂房九层开挖支护	2004-11-30	2005-12-30	11 *	预测
11	主厂房基础混凝土浇筑	2006-07-15	2006-12-30	5.5 *	预测
12	第一台机组安装	2006-08-01	2007-01-01	10 *	预测
13	第一台机组安装试运行	2006-12-30	2007-10-01	10 *	预测

注：*表示相应完成节点工期顺延。

4.2　案例二：主厂房岩锚梁施工程序变更评价

4.2.1　变更施工程序评价分析

由于业主不能按照合同规定的日期2004年7月1日供应承包商低温成品混凝土，而工地正值高温季节，按照合同技术规范要求，主厂房岩锚梁应避开高温季节，不能浇筑岩锚梁混凝土。但是监理工程师对项目合同总进度分析认为承包商不能停止关键线路厂房施工，必须继续进行主厂房开挖施工。于是，主厂房岩锚梁混凝土施工不能按照经审查批准的施工程序进行，承包商提出变更主厂房施工程序。提出主厂房岩锚梁混凝土变更为开挖厂房第四层后进行浇筑，如图4-2所示。

（1）改变厂房岩锚梁施工程序属于变更施工程序。

（2）产生变更的原因是业主不能按合同规定的日期供应合格的低温商品混

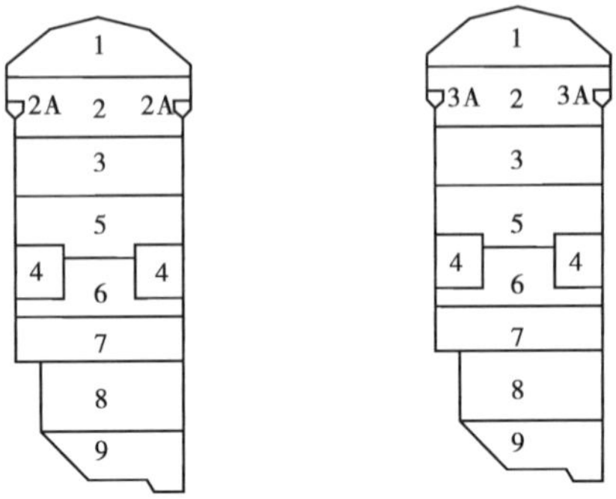

(a)变更前厂房施工程序图　　(b)变更后厂房施工程序图

图4-2　厂房施工程序图

凝土,技术规范要求在没有合格温度控制措施的前提下,地下主厂房岩锚梁混凝土应避开高温季节进行施工。

(3)变更内容为改变原厂房施工开挖程序,即厂房第二层岩锚梁部位开挖完成后,继续进行主厂房第三层、第四层开挖。岩锚梁由第二层开挖完成浇筑变更为第四层进行浇筑。

(4)施工程序的改变,对合同工期和费用的影响分析进行评价。

4.2.1.1　施工程序的变更对工期的影响评价

经监理工程师论证分析,地下主厂房开挖完成后,若继续进行厂房开挖,那么厂房第三层开挖就要从合同计划的2004年8月30日完成推迟到2004年9月30日完成,主厂房第四层开挖原合同计划2004年10月20日完成就要推迟到2004年11月31日完成。按合同进度计划安排主厂房岩锚梁混凝土施工2004年7月10日完成,但改变施工程序后将推迟到2005年1月31日完成。主厂房岩锚梁混凝土施工原计划合同工期2个月。施工程序变更、厂房顶拱加强支护变更、现场施工组织与管理等因素影响,对岩锚梁混凝土施工中间完工日期推后5个月。由于厂房岩锚梁混凝土施工位于关键线路上,经进一步分析,为了尽量减少对合同工期的影响,减少施工难度和施工措施费用,要求岩锚梁施工程序变更为第三层进行施工。因为施工程序变更对后续项目产生相应节点工期影响,经分析主要对主厂房第四、五层产生直接影响,第六层、七层开挖交通通道主要利用进入主厂房上游的引水下平段和3－2#交通洞作施工通道;第八层、第九层开挖主要利用尾水管直接进入,且与上部可以平行施工。工程师对施工程序变更工期影响评价初步认为延期2个月。

4.2.1.2　施工程序的变更对费用的影响分析

由于改变了施工程序,承包商对主厂房岩锚梁混凝土浇筑施工技术措施进

行了重新修改。由此增加的施工措施费用有:

(1)岩锚梁模板支撑结构增加架管400 t,延期租赁费用12万元。

(2)混凝土垂直运输采用泵送混凝土,增加泵管架构系统。

(3)增加预应力锚杆安装及张拉难度,增加张拉小车系统。

(4)由于垂直运输高度增加,浇筑效率降低,平均每仓浇筑时间延长40%,相应增加人员及设备台时费用;混凝土泵78.72元/台时,混凝土搅拌车312.97元/台时,延期增加设备台时费用为28.2万元。

(5)由于施工程序的改变延期2个月,岩锚梁施工分2个作业队共60人,人员小时工资为5.49元/小时,延期增加人员费用15.8万元。

(6)施工程序变更计算项目管理及间接费用,程序变更对费用的影响估算为86万元。

4.2.2 变更费用评价分析

4.2.2.1 变更费用评价处理的原则

对于工程变更细目的单价及费用分析,首先要分析变更类型和变更工作内容是否与合同工程量清单细目相一致或接近,如果变更细目一致则应采用相应的合同单价。如果是完全新增项目,则应重新进行单价分析。

(1)变更需要延长工期时,应按合同条款第17.2款和第20.2款的规定办理。若变更使合同工作量减少,监理人认为应予提前变更项目的工期时,由监理人和承包人协商确定。

(2)变更需要调整合同价格时,按以下原则确定其单价或合价。

①合同《工程量清单》中有适用于变更工作的项目时,应采用该项目的单价。

②合同《工程量清单》中无适用于变更工作的项目时,则可在合理的范围内参考类似项目的单价或合价作为变更估价的基础,由监理人与承包人协商确定变更后的单价或合价。

③合同《工程量清单》中无类似项目的单价或合价可供参考,则应由监理人与发包人和承包人协商确定新的单价或合价。

主厂房顶拱出现地质缺陷而必须进行顶拱加固支护,加固支护变更工程量清单如表4-6所示。

表4-6 地下电站主厂房顶拱及边墙加固支护变更工程量清单

序号	项目	规格	单位	数量	说明
1	顶拱新增张拉锚杆	Φ32 mm, $L=12$ m	根	950	
2	顶拱新增张拉锚杆	Φ32 mm, $L=10$ m	根	46	
3	顶拱新增张拉锚杆	Φ32 mm, $L=8$ m	根	-2	

续表 4-6

序号	项目	规格	单位	数量	说明
4	顶拱新增张拉锚杆	Φ32 mm,L=6 m	根	222	
5	取消顶拱砂浆锚杆	Φ32 mm,L=9 m	根	-188	
6	新增顶拱砂浆锚杆	Φ32 mm,L=4.5 m	根	37	
7	新增机编铁丝网	Φ2.6 mm	m^2	3 315	含固定
8	新增边墙系统固结灌浆	Φ50 mm,L=6 m	m	15 550	
9	新增边墙 2 000 kN 锚索	Φ2 000 kN,L=25 m	束	632	
10	新增边墙系统张拉锚杆	Φ32 mm,L=10 m	根	9 518	150 kN
11	新增边墙系统张拉锚杆	Φ32 mm,L=8 m	根	9 220	150 kN
12	取消边墙系统砂浆锚杆	Φ32 mm,L=10 m或8 m	根	-18 740	

4.2.2.2　项目 WBS 划分

(1)地下电站及附属工程划分为一级项目(Major Account)对应单位工程。

(2)地下主厂房为二级项目（Account）对应分部工程。

(3)主厂房开挖、锚杆支护、锚索、喷混凝土、排水孔等划分为三级项目(SUB - Account）对应为单元工程。

(4)主厂房的开挖工序钻孔→爆破→装渣→运输;顶拱锚杆的施工工序钻孔→锚杆安装张拉→注浆即为四级项目（SUB - Division）对应于单元工序作业;预应力锚索的钻孔、编索、锚索安装、注浆、张拉锁定为四级项目（SUB - Division）对应于锚索单元工程工序作业。

4.2.2.3　变更项目工程量与合同工程量清单分析评价

(1)以合同工程量清单为基础依据,针对变更项目工程量进行比较,合同工程量发生了改变,进一步分析评审变更工程量变化的尺度。

(2)新增边墙 2 000 kN 系统锚索工作项目,其相应变更单价可以参考原 1 500 kN 锚索进行单价分析。

(3)新增 150 kN 系统张拉锚杆,可以采用原合同相似单价。根据合同条款新增 150 kN 张拉锚杆工程量超出合同工程量清单相应项目的 15%,应进行调整合同单价。

(4)新增边墙系统固结灌浆工作,参考基岩固结灌浆,变更工程量超出原合同工程量清单相应项目工程量的 15%,需要重新进行固结灌浆变更单价估价分析。

4.2.2.4　变更项目单价计算分析

按照合同项目划分，编制变更工程量清单。根据 FIDIC 合同条件按国际工程费用估算采用实物量法进行工程变更单价分析和变更费用分析。我国水利水电工程建设项目必须按照文件依据水利水电工程概预算编制办法和定额进行变更项目单价分析计算和变更费用估算。

首先对承包商完成该项变更所制定的施工技术措施进行评审。

1.计算工程变更的直接费用部分

(1)针对制订的项目工程变更施工措施，审查所投入的资源数量、规格和种类。

(2)必须对投入该变更项目人员的熟练等级和数量进行审查。

(3)对投入该变更项目配置的机械设备的规格、型号、数量进行审查。

(4)对完成该项变更实际所需的材料预算价格进行计算审核，包括需要的材料消耗指标和零星材料费用。

(5)在地下工程施工中，一般包括：①需要集中布置压缩空气供应系统，包括空压机设备、配套管线、阀门及连接装置；②给水系统，主要为水泵、施工水池、集中供水管线及连接装置；③排水设备及排水管线；④施工用电线路、变配电装置及施工照明系统；⑤地下厂房的施工通风设备及运行费用；⑥进行地下硐室作业的风、水、电供应系统等公用设施。按照实物量法进行单价分析必须首先对这些公共设施系统计算费用，然后分配到所供应部位的直接工程单价中，最终计算出工程单价。

2.计算工程变更的间接费用

变更项目间接费用估算可以直接采用类似工程规模经计算评审的间接费用系数。一般地下工程配套设施较大，间接费用系数较高。小浪底主体国际工程招标工程师概算地下工程标间接费用系数达到1.6~1.8以上。

根据工程规模、工程布置特点，项目合同工期，经项目业主、监理工程师审批的临建设施规模，工程师审查批准承包商组织机构 OBS 及 RBS 项目资源配置，承包商组织与管理分项分类计算工程间接费用。

工程项目间接费用主要计算内容包括：①项目管理人员数量费用；②营地设施费用；③合同工期项目办公设施费用；④施工工厂设施费用；⑤临时交通道路桥梁费用；⑥项目施工供水系统费用；⑦项目施工供电系统费用；⑧项目施工气压供应系统费用；⑨项目工地砂石料生产加工系统费用；⑩项目混凝土生产供应系统费用；⑪工地实验室费用；⑫工地临时仓储设施费用；⑬工地施工设备维修车间费用；⑭工地项目网络通信系统费用；⑮工地火工材料库费用；⑯项目工地医疗急救消防安全 HES 保证设施系统费用，以及项目设备材料运输、保险、税费及利润等内容的费用分项计算。采用FIDIC合同依据国际工程建设管理惯例采用实物量法进行工程变更间接费用计算方法。

3. 工程变更费用估算

工程变更费用估算为工程直接费用与间接费用之和。变更项目计算得出的直接费用(工程单价乘以变更工程量)即为变更项目的工程直接费用。按照上述间接费用分项计算,即可得出变更工程间接费用。将变更工程间接费用分配到每一变更细目的工程单价中,即得到变更项目的合同单价,根据变更工程量清单最终计算出工程变更项目的总费用。

参见表4-6主厂房加强支护变更工程量清单,我国水利水电工程项目投资估算编制办法和计算原则,采用现行水利水电工程定额单价法计算工程变更项目费用的估算程序。

人工工资包括:

(1)基本工资。

(2)辅助工资。

(3)工资附加费。

根据水利水电工程概预算编制规定将工人按技术熟练程度等级划分为4级,承包商投标时按照合同规定采用的定额标准计算人工工资:

(1)高级熟练工:6.59元/时。

(2)熟练工:5.49元/时。

(3)半熟练工:4.21元/时。

(4)普工:4.27元/时。

工程材料预算单价由材料原价、包装费、运杂费、采购包管费和运输保险费构成,计算公式为:

材料预算价格=(材料原价+包装费+运杂费)×(1+采购包管费率)+运输保险费

施工机械台时费必须根据合同规定的《水利工程施工机械台时费定额》进行计算。

施工机械台时费主要包括:施工设备基本折旧费、修理费、替换设备费、安装拆卸费、机上人工费和动力燃料费组成。

乌江彭水水电站地下主厂房顶拱及边墙围岩支护变更费用估算如表4-7所示。

表 4-7　乌江彭水水电站地下主厂房顶拱及边墙围岩支护变更费用估算

序号	项目	规格	单位	数量	单价	合价
1	新增顶拱张拉锚杆	ϕ32 mm, L = 12 m	根	950	1 545.52	1 468 244
2	新增顶拱张拉锚杆	ϕ32 mm, L = 10 m	根	46	1 192.12	54 837
3	新增顶拱张拉锚杆	ϕ32 mm, L = 8 m	根	2	1 062.40	2 125
4	新增顶拱张拉锚杆	ϕ32 mm, L = 6 m	根	222	934.34	207 423
5	取消顶拱砂浆锚杆	ϕ32 mm, L = 9 m	根	−188	383.77	−72 149
6	新增顶拱砂浆锚杆	ϕ32 mm, L = 4.5 m	根	37	191.74	7 094
7	新增机编铁丝网	ϕ2.6 mm	m^2	3 315	27.83	92 256
	小计(万元)					175
8	新增边墙系统固结灌浆	ϕ50 mm, L = 6 m	m	15 550	193.16	3 003 638
9	新增边墙 2 000 kN 锚索	ϕ2 000 kN, L = 25 m	束	632	15 015	9 489 480
10	新增系统张拉锚杆	ϕ32 mm, L = 10 m	根	9 518	1 192.12	11 346 598
11	新增系统张拉锚杆	ϕ32 mm, L = 8 m	根	9 220	1 062.4	9 791 640
12	取消系统砂浆锚杆	ϕ32 mm, L = 9 m 或 6 m	根	−18 740	383.77	−7 191 850
	小计(万元)					2 410
	合计(万元)					2 585

4. 工程变更费用的估价评价分析

针对乌江彭水水电站地下主厂房顶拱及边墙加强支护设计变更分析，按照合同条件分析认为：

(1)新增边墙 2 000 kN 系统锚索工作项目，可以参考原 1 500 kN 锚索进行单价分析。

(2)新增边墙 150 kN 系统张拉锚杆，可以采用原合同相似单价。

(3)新增边墙系统固结灌浆工作，变更工程量超过合同工程量清单项目下 15% 的规定，参考基岩固结灌浆，需要重新进行估价分析。

(4)厂房边墙原设计为砂浆锚杆，变更以后全部更改为系统张拉锚杆，变更工程量超过合同工程量清单项目下 15% 的规定，新增超出部分按照第(2)条调整合同单价，如表 4-7 所示。

(5)合同细目变更增加的费用没有超过合同总价的 2%，不必重新调整价格。

水利水电工程投资估算目前采取定额单价法分析计算，与 FIDIC 合同条件下采用工程实物量法进行项目合同单价分析有较大的区别。

(1)定额单价法的项目人工工时不是依据每一工程的实际劳动效率水平计算得出的，从理论上它是社会劳动效率的平均统计指标，但实际上定额修编周期长，很难真实获得社会平均劳动效率指标。因而与工程实际脱钩，不能代表当前工程实际的人员作业水平，计算得出的人员工资费用与实际不相符。

(2)施工机械设备与社会的制造业水平密切相关，工程施工机械直接代表当今社会的制造技术水平。每一项目选用的施工设备规格、型号，新旧程度均不尽相同，所以其机械作业效率相差很大。对完成同一工程单元项目所消耗的机械台时数相差较大，项目单元工程机械台时费用也有很大的差别。定额不反映机械设备的新旧程度，不反映设备的完好程度，不能体现工程施工条件的差别，定额中的机械设备台时完全是一种不符合实际工况的统计，所以计算得出的占工程单价较大比重的机械设备台时费与实际成本存在较大的误差。

(3)采用定额进行工程项目间接费用计算，基本采用经验系数，不能科学体现针对不同项目合同条件、不同施工条件、不同组织方式、不同管理水平、不同供应条件下的相关费用变化。采用实物量法进行工程项目间接费用计算，则是完全根据项目本身的规模、合同条件、管理水平据实进行分项计算得出。计算精度大为提高，较为真实地反映了项目本身的成本和价值。

第 5 章　水利水电工程项目索赔管理

5.1　工程索赔概述

工程项目索赔管理，首先应明确索赔的含义。索赔一词来源于英语国家沿用的“Claim”，其原意表示“有权要求”，法律上叫“权力主张”，并没有专指赔偿的意思。机场随机托运的行李，看到写有“Baggage Claim”的地方，就是行李索取处，并不是专指丢了行李要求赔偿的地方。所以，索赔应是顺理成章的合同权利主张。我国工程师在合同项目实施管理过程中，认为处理项目索赔事件是很难办的事，要项目合同一方认赔，另一方很难接受。赔钱是小事，面子是大事，这种项目管理观念是非常错误的，要实现与国际项目合同管理接轨，必须转变观念。法制国家法制观念强，一切按合同办事。承包商提出的“Claim”是应该给予承包方根据合同所规定的“增量”与“增值”。双方履行合同的权利和义务是对等的，不存在要项目哪一方承担或承认错而难以再相处的问题。只要“事出有因，查有实据，索价合规合理”，就应该予以审查处理认可。而钱补偿多少恰巧是索赔评价审查要考虑的主要内容。若是由于项目业主方的失误，且合同有明确的条款或隐含某些条款，以致造成承包人的损失，这才含有赔偿补偿的意思。但从承包方来讲，也是根据合同的一种权利要求，仍然可以包含在“Claim”的词义中。通常为区别起见，特别标明是“补偿要求”(Claim of Indemnity)或叫“损失赔偿”(Claim of Damages)。

索赔，是在工程承包合同履行中，当合同当事人一方由于另一方未能履行合同所规定的义务而遭受损失时，按照程序向合同另一方提出赔偿、补偿要求的行为。在实际项目实施过程中，索赔可能是双向的。项目建设业主单位和项目承包商都可能提出索赔补偿要求，但项目建设业主单位索赔数量一般相对较小，而且处理方便。可以通过支付冲账、扣拨工程款、扣保证金等手段，实现对项目承包人承包商的索赔，而项目承包人对项目建设业主单位的索赔则比较困难一些。通常情况下，索赔是指施工单位(承包商)在合同实施过程中，对非自身原因造成的工程延期、合同条件改变、工程量增加、费用增加，而要求业主给予补偿损失的一种权利要求。而业主(项目业主)对于属于承包商责任造成的且实际发生的损失，向承包商要求赔偿，称为反索赔。

引进11.09亿美元世行贷款的黄河小浪底水利枢纽工程，采用国际公开招标，经过激烈竞争，以意大利英波吉罗公司为责任方的联合体中标大坝工程（Ⅰ标）；以德国旭普林公司为责任方的联合体中标泄洪工程（Ⅱ标）；以法国杜美兹公司为责任方的联合体中标发电设施工程（Ⅲ标）。这些公司中标后，又将各自的部分工程以工程分包或劳务分包的形式，分包给其他外国合作公司和中国公司。如此，在小浪底工程项目实施过程中形成了错综复杂的项目合同生产关系，工地上初步统计有51个国家的700多名外商和上万名中国建设者参与，形成了名副其实的"小联合国"。工程项目建设管理过程中，中方收到的各种索赔信函达2 000多份，起初中国人想不通，有人甚至跑到外方营地抗议，然而，低报价、高索赔，这是国际工程承包的惯用做法。要与国际接轨，就必须按国际惯例办事。20世纪80年代以来，我国逐渐推行工程建设监理制，这正是与国际接轨迈出的第一步，随着工程建设监理制的逐步深入，加强工程施工中的索赔管理成为项目合同管理的重要组成部分。

实行改革开放以来，中国经济实力得到了很大的提高。实行"一带一路"走出去战略后，我国承包商承揽了国外大量基础设施建设项目，尤其是在中国水电领域处于领先地位的情况下，我国承包商在国际上承担建设绝大多数水电建设项目。这些项目均应按照FIDIC合同条件进行项目管理，采用单价合同或EPC总承包总价合同模式进行项目管理，此情况下亟待大力加强项目合同管理水平，包括大力培养项目管理人才，提高项目索赔管理能力和水平。

5.1.1 工程索赔的性质

索赔的性质属于工期或经济补偿行为，而不是惩罚，索赔属于正确履行合同的正当权利要求。索赔方所受到的损害，与索赔方的行为并不一定存在法律上的因果关系。导致索赔事件的发生，可以是一定行为造成的，也可能是不可抗力事件引起的，可以是对方当事人的行为导致的，也可能是任何第三方行为所导致的。索赔在一般情况下都可以通过协商方式友好解决，若双方无法达成妥协，争议可通过仲裁解决。

5.1.2 工程索赔的意义

5.1.2.1 索赔管理是合同管理的重要环节

索赔和合同管理有直接的联系，合同是索赔的依据。整个索赔处理的过程就是执行合同的过程，从项目开工后，合同人员就必须将每日实施合同的情况与原合同对比分析，若出现索赔事件，就应当研究是否提出索赔。索赔的依据在于日常合同管理中的证据，实施索赔就必须加强合同管理。

5.1.2.2　索赔有利于项目业主、承包商双方提高项目管理水平

工程建设索赔直接关系到项目业主和承包商双方的利益,索赔和处理索赔的过程实质上是双方管理水平的综合体现。做为项目业主,为了使工程顺利进行,如期完成,早日投产取得收益,就必须加强自身管理,做好资金、技术等各项有关工作,保证工程中各项问题及时解决。做为承包商要实现合同目标,取得索赔,争取自己应得的利益,就必须加强各项基础管理工作,对工程的质量、进度、变更等进行更严格、更细致的管理,进而推动建筑行业管理水平的提高。

5.1.2.3　索赔是合同双方利益的体现

从某种意义上讲,索赔是一种风险费用的转移或再分配。如果承包商利用索赔的方法使自己的损失尽可能得到补偿,就会降低工程报价中的风险费用,从而使项目业主得到相对较低的报价。在工程施工中发生这种费用时可以按实际支出给予补偿,也使工程造价更趋于合理。作为承包商,要取得索赔,保证自己应得的利益,就必须做到自己不违约,全力保证工程质量和进度,实现合同目标。同样,作为项目业主,要通过索赔的处理和解决,保证工程顺利进行,使建设项目按期完工,早日投产取得经济收益。

5.1.2.4　索赔是挽回成本损失的重要手段

在合同实施过程中,由于建设项目的主客观条件发生了与原合同不一致的情况,使承包商的实际工程成本增加,承包商为了挽回损失,可以通过索赔加以解决。索赔是以赔偿实际损失为原则的,承包商必须准确地提供整个工程成本的分析和管理,以确定挽回损失的数量。

5.1.2.5　索赔有利于国内工程建设合同管理与国际惯例接轨

索赔是国际工程建设中非常普遍的做法,应尽快掌握、运用国际上工程建设管理的通用做法。这不仅有利于我国企业工程建设管理水平的提高,而且对我国企业顺利参与国际工程承包、建设都有着重要的意义。

5.1.3　索赔的分类

以业主违约理论为基础的索赔,通常称为“违约索赔”。以合同变更为基础的索赔,通常称为“变更索赔”。以不可抗力(如发生地震、战争、敌对行动、核装置泄露、恐怖事件、暴乱、地质灾害从而给承包商造成损失)理论为基础的索赔,称为“不可抗力索赔”。以道义理论为基础的补助(如因市场竞争激烈,承包商低价中标,在施工中处于欲干无法干,欲退则双方损失更大的境地时,业主对承包商进行的补偿),称为“道义索赔”。

5.1.3.1　按照干扰事件分类

按照干扰事件可以分为:

(1)工期拖延索赔。

(2)不可预见的外部障碍或不良地质条件索赔。

(3)工程变更索赔。

(4)工程中止索赔。

(5)其他索赔(如货币贬值、物价上涨、法令变化、项目业主推迟支付工程款引起的索赔)等。

5.1.3.2　按合同类型分类

按合同类型,索赔可以分为总承包合同索赔、分包合同索赔、合伙合同索赔、劳务合同索赔、其他合同索赔等。

5.1.3.3　按索赔要求分类

按索赔要求,索赔可以分为工期索赔、费用索赔等。

5.1.3.4　按索赔起因分类

按索赔起因,索赔可以分为项目业主违约索赔、合同错误索赔、合同变更索赔、工程环境变化索赔、不可抗力因素索赔等。

5.1.3.5　按索赔的处理方式分类

按索赔的处理方式,索赔可以分为单元项索赔、总索赔等。

5.2　项目索赔原因分析

5.2.1　可能发生施工索赔的主要条件

承包商索赔管理是预测索赔机会,在合同实施中寻找和发现索赔机会,同时处理索赔事件,解决索赔争执。可能出现索赔机会的主要内容包括以下几点。

5.2.1.1　不利的自然条件与障碍引起的索赔

不利的自然条件是指施工中遇到的实际自然条件比招标文件中所描述的更为困难和恶劣,这些不利的自然条件或人为障碍增加了施工的难度,导致承包商必须花费更多的时间和费用。在这种情况下承包商可提出索赔要求:

(1)地质条件变化引起的索赔。在施工期间,承包商遇到不利的自然条件或人为障碍,而这些条件与障碍又是有经验的承包方也不能预见的,承包商可提出索赔。

(2)工程中人为障碍引起的索赔。如在挖方工程中由于发现地下构筑物和文物等,图纸上并未说明,确属有经验的承包商难以合理预见的人为障碍,如通过处理导致工程费用增加,承包商即可提出索赔。

5.2.1.2　工期延长和延误的索赔

工期延长和延误的索赔通常包括两方面:一是项目业主要求延长工期;二是承包商要求偿付由于非承包方原因导致工程延误而造成的损失。一般这两方面的索赔报告要求分别编写,因为工期和费用的索赔并不一定同时成立。

5.2.1.3　因施工中断和工效降低提出的施工索赔

由于项目业主或监理工程师原因引起施工中断的工效降低,特别是根据项目业主不合理的指令压缩合同规定的工作进度,使工程比合同规定日期提前竣工,从而导致工程费用的增加。承包商可提出以下索赔:

(1)人工费用的增加。

(2)设备费用的增加。

(3)材料费用的增加。

5.2.1.4　因工程终止或放弃提出的索赔

由于项目业主不正当地终止或不属承包商原因而使工程终止,承包商有权提出以下施工索赔:

(1)盈利损失。它的数额是该项目合同条款与完成遗留工程所需花费的差额。

(2)补偿损失。包括承包商在被终止工程上的人工材料设备的全部支出,以及监督费、债券、保险费、各项管理费用的支出(减去已经结算的工程款)。

5.2.1.5　关于支付方面的索赔

(1)关于物价上涨引起的索赔。根据全国的实际情况,目前可根据各省市定额站颁发的材料预算价格调整系数及材料价差对合同价款进行调整,待材料价格指数逐步完善后,可采用动态结算中的公式进行自动调整。

(2)关于货币贬值导致的索赔。在一些外资或中外合资项目,合同中一般有货币贬值补偿的条款,索赔数额一般以官方正式公布的汇率计算。

(3)拖延支付工程款的索赔。如果项目业主不按合同中规定的支付工程款的时间期限支付工程款,承包商可按合同条款向项目业主索赔利息。

5.2.2　工期索赔

在工程施工中,常常会发生一些未能预见的干扰事件使预定的施工不能顺利进行,使预定的施工计划受到干扰,造成工期延长,这样,对合同双方都会造成损失。承包商提出工期索赔的目的通常有两个:一是免去或推卸自己对已产生的工期延长的合同责任,使自己不支付或尽可能不支付工期延长的罚款;二是进行因工期延长而造成的费用损失的索赔。对已经产生的工期延长,项目业主一般采用两种解决办法:一是不采取加速措施,工程仍按原方案和计划实施,但将合同期顺延;二是承包商采取加速措施,以全部或部分弥补已经损失的工期。如果工期延缓责任不是由承包商造成,而项目业主已认可承包商工期索赔,则承包商还可以提出因采取加速措施而增加的费用索赔。

工期索赔一般采用分析法进行计算,其主要依据合同规定的总工期计划、进度计划,以及双方共同认可的对工期的修改文件、调整计划和受干扰后实际工程进度记录(如施工日记、工程进度表等)。承包商应在每个月底以及在干扰事件发生时,分析对比上述资料,以发现工期拖延以及拖延原因,提出有说服力的索赔要求。

5.2.3 费用索赔

费用索赔都是以补偿实际损失为原则,实际损失包括直接损失和间接损失两个方面,其中要注意的一点是索赔对项目业主不具有任何惩罚性质。因此,所有干扰事件引起的损失以及这些损失的计算,都应有详细的具体证据,并在索赔报告中出具这些证据。没有证据,索赔要求不能成立。

5.2.3.1 索赔费用的组成

(1)人工费。索赔费用中的人工费部分包括:完成合同之外的额外工作所花费的人工费用;由于非承包商责任导致的工效降低所增加的人工费用;法定的人工费增长以及非承包商责任工程延误导致的人员窝工费和工资上涨费等。

(2)材料费。索赔费用中的材料费部分包括:由于索赔事项,材料实际用量超过计划用量而增加的材料费;由于客观原因,材料价格大幅度上涨;由于非承包商责任工程延误导致的材料价格上涨和材料超期储存费用。

(3)施工机械使用费。索赔费用中的施工机械使用费部分包括:由于完成额外工作增加的机械使用费;非承包商责任的工效降低增加的机械使用费;由于项目业主或监理工程师原因导致机械停工的窝工费。

(4)分包费用。分包费用索赔指的是分包人的索赔费。分包人的索赔应如数列入总承包人的索赔款总额内。

(5)工地管理费。工地管理费指施工单位完成额外工程、索赔事项工作以及工期延长期间的工地管理费,但如果对部分工人窝工损失索赔时,因其他工程仍然进行,可能不予计算工地管理费索赔。

(6)利息。对于索赔费用中的利息部分包括:拖期付款利息;由于工程变更的工程延误增加投资的利息;索赔款的利息;错误扣款的利息。这些利息的具体利率,有以下几种规定:按当时的银行贷款利率;按当时的银行透支利率;按合同双方协议的利率。

(7)总部管理费。主要指工程延误期间所增加的管理费。

(8)利润。一般来说,由于工程范围的变更和施工条件变化引起的索赔,承包商可列入利润。索赔利润的款额计算通常是与原报价单中的利润百分率保持一致的,即在直接费用的基础上增加原报价单元中的利润率,作为该项索赔的利润。

5.2.3.2　索赔费用的计算原则和计算方法

在确定赔偿金额时,应遵循下述两个原则:所有赔偿金额,都应该是承包商为履行合同所必须支出的费用;按此金额赔偿后,应使承包商恢复到未发生事件前的财务状况。即承包商不致因索赔事件而遭受任何损失,但也不得因索赔事件而获得额外收益。

根据上述原则可以看出,索赔金额是用于赔偿承包商因索赔事件而受到的实际损失(包括支出的额外成本和损失的可得利润)的,而不考虑利润。所以索赔金额计算的基础是成本,用索赔事件影响所发生的成本减去事件影响时所应有的成本,其差值即为赔偿金额。

索赔金额的计算方法很多,各个工程项目都可能因具体情况不同而采用不同的方法,主要有以下三种:

(1)总费用法。计算出索赔工程的总费用,减去原合同报价,即得索赔金额。

这种计算方法简单但不尽合理,因为实际完成工程的总费用中,可能包括由于承包商的原因(如管理不善、材料浪费、效率太低等)所增加的费用,而这些费用是不该索赔的;另一方面,原合同价也可能因工程变更或单价合同中的工程量变化等原因而不能代表真正的工程成本。因此,使得采用此法往往会引起争议,遇到障碍,故一般不常用。

但是在某些特定条件下,当具体计算索赔金额很困难,甚至不可能时,也有采用此法的。这种情况下应具体核实已开支的实际费用,取消其不合理部分,以求接近实际情况。

(2)修正的总费用法。原则上与总费用法相同,计算时对某些方面作出相应的修正,以使结果更趋合理,修正的内容主要有:一是计算索赔金额的时期仅限于受事件影响的时段,而不是整个工期;二是只计算在该时期内受影响项目的费用,而不是全部工作项目的费用;三是不直接采用原合同报价,而是采用在该时期内如未受事件影响而完成该项目的合理费用。根据上述修正,可比较合理地计算出受索赔事件影响而实际增加的费用。

(3)实际费用估算法。实际费用估算法即根据索赔事件所造成的损失或成本增加,按费用项目逐项进行分析、计算索赔金额的方法。这种方法比较复杂,但能客观地反映施工单位的实际损失,比较合理,易于被当事人接受,在国际工程中被广泛采用。实际费用估算法是按每个索赔事件所引起损失的费用项目分别分析计算索赔值的一种方法,通常分三步:第一步分析每个或每类索赔事件所影响的费用项目,不得有遗漏,这些费用项目通常应与合同报价中的费用项目一致;第二步计算每个费用项目受索赔事件影响的数值,通过与合同价中的费用价值进行比较即可得到该项费用的索赔值;第三步将各费用项目的索赔值汇总,得到总费用索赔值。

5.3 项目业主单位反索赔

反索赔是指项目业主向施工单位(承包商)提出的索赔。项目业主向承包商索赔的主要途径为:一是减少或防止可能产生的索赔;二是反索赔,对抗(平衡)承包商的索赔要求。项目业主向承包商提出索赔的内容包括以下内容。

5.3.1 工期延误反索赔

工期延误反索赔指工期延误属于承包商责任时,项目业主对承包商进行索赔,即由承包商支付延期竣工违约金。项目业主在确定违约金的费率时,一般要考虑以下因素:项目业主盈利损失;由于工期延长而引起的贷款利息增加;工程拖期带来的附加监理费;由于本工程拖期竣工不能使用,租用其他建筑时的租赁费。

违约金的计算方法,在每个合同文件中均有具体规定,一般按每延误一天赔偿一定的款额计算,累计赔偿额一般不能超过合同总额的10%。

5.3.2 施工缺陷索赔

施工缺陷索赔指承包商的施工质量不符合施工技术规程的要求,或使用的设备和材料不符合合同规定,或在保修期未满以前未完成应该负责补修的工程,项目业主有权向承包商追究责任。如果承包商未在规定的期限内完成修补工作,项目业主有权雇用他人来完成工作,发生的费用由承包商承担。

5.3.3 对指定分包人的付款索赔

对指定分包人的付款索赔指工程承包商未能提供已向指定分包人付款的合理证明时,项目业主可以直接按照监理工程师的证明书,将承包商未付给指定分包人的所有款项(扣除保留金)付给这个分包人,并从应付给承包商的任何款项中如数扣回。

5.3.4 项目业主合理终止合同或承包商不正当放弃工程的索赔

如果项目业主合理地终止承包商的承包,或者承包商不合理地放弃工程,则项目业主有权从承包商手中收回由新的承包商完成工程所需的工程款与原合同未付部分的差额。

5.4　工程建设项目索赔一般程序

索赔的主要程序是:①承包商向项目业主提出索赔意向;②调查干扰事件,寻找索赔理由和证据;③计算索赔值;④起草索赔报告;⑤通过谈判、调解或仲裁;⑥最终解决索赔争议。项目业主未能按合同约定履行自己的各项义务或发生错误,以及应由项目业主承担的其他情况,造成工期延误和(或)承包商不能及时得到合同价款及承包商的其他经济损失,承包商可按下列程序以书面形式向项目业主索赔。

(1)索赔事件发生 28 天内,向工程师发出索赔意向通知。

(2)发出索赔意向通知后 28 天内,向监理工程师提出延长工期和(或)补偿经济损失的索赔报告及有关资料。

(3)监理工程师在收到承包商送交的索赔报告及有关资料后,于 28 天内给予答复,或要求承包商进一步补充索赔理由和证据。

(4)监理工程师在收到承包商送交的索赔报告和有关资料后,28 天内未予答复或未对承包商做进一步要求,视为该项索赔已经认可。

当该索赔事件持续进行时,承包商应当阶段性地向工程师发出索赔意向,在索赔事件结束 28 天内,向工程师送交索赔的有关资料和最终索赔报告。索赔答复程序与(3)、(4)规定相同,项目业主的反索赔时限与上述规定相同。

5.5　索赔的证据

证据,作为索赔文件的一个重要部分,关系到索赔的成败。证据不足或没有证据,索赔是不成立的。

5.5.1　索赔证据的基本要求

索赔证据的基本要求包括真实性、全面性、法律证明效力和及时性。

5.5.2　证据的种类

证据的种类包括:

(1)招标投标文件、合同文本及附件。

(2)来往文件、签证及更改通知等。

(3)会谈纪要。

(4)经批准的施工进度计划和调整的实际施工进度。

(5)经确认的现场施工过程记录文件。

(6)工程照片。

(7)气象水文记录报告。

(8)工地现场过程记录。

(9)建筑材料和设备采购、订货运输验收使用记录等。

(10)市场行情记录。

(11)相关成本会计核算资料。

(12)国家相关法律、法规、行业和当地政府有关政策、法规文件等。

5.6 索赔报告

5.6.1 索赔报告的内容

索赔报告的具体内容,随该索赔事件的性质和特点而有所不同。但从报告的必要内容与文字结构方面而论,一个完整的索赔报告应包括以下四个部分。

5.6.1.1 总论部分

总论部分一般包括以下内容:序言;索赔事项概述;具体索赔要求;索赔报告编写及审核人员名单。

报告首先应概要地论述索赔事件的发生日期与过程;承包商为该索赔事件所付出的努力和附加开支;承包商的具体索赔要求。在总论部分要附上索赔报告编写组主要人员及审核人员的名单,注明有关人员的职称、职务及施工经验,以表示该索赔报告的严肃性和权威性。总论部分的阐述要简明扼要,说明问题。

5.6.1.2 根据部分

根据部分主要是说明自己具有的索赔权利,这是索赔能否成立的关键。根据部分的内容主要来自该工程项目的合同文件,并参照有关法律规定。该部分中承包商应引用合同中的具体条款,说明自己理应获得的经济补偿或工期延长。

根据部分的篇幅可能很长,其具体内容随各个索赔事件的特点而不同。一般地说,根据部分应包括以下内容:

(1)索赔事件的发生情况。

(2)已递交索赔意向书的情况。

(3)索赔事件的处理过程。

(4)索赔要求的合同根据。

(5)所附的证据资料。

在索赔报告写法结构上，按照索赔事件发生、发展、处理和最终解决的过程编写，并明确全文引用有关的合同条款，使项目业主和监理工程师能逻辑地了解索赔事件的始末，并充分认识该项索赔证据的充分性、合理性和合规合法性。

5.6.1.3　分析计算部分

索赔计算的目的，是以具体的计算方法和计算过程，说明自己应得经济补偿的款额或延长时间。如果说根据部分的任务是解决索赔能否成立的问题，则计算部分的任务就是决定应得到多少索赔款额和工期。前者是定性的，后者是定量的。

在款额计算部分，承包商必须阐明下列问题：①索赔款的要求总额；②各项索赔款的计算，如额外开支的人工费、材料费、管理费和所失利润；③指明各项开支的计算依据及证据资料，承包商应注意采用合适的计价方法。至于采用哪一种计价法，应根据索赔事件的特点及自己所掌握的证据资料等因素来确定。还应注意每项开支款的合理性，并指出相应的证据资料的名称及编号。切忌采用笼统的计价方法和不实的开支款额。

5.6.1.4　证据部分

证据部分包括该索赔事件所涉及的一切证据资料，以及对这些证据的说明，证据是索赔报告的重要组成部分，没有翔实可靠的证据，索赔是不能成功的。

索赔证据资料的范围很广，它可能包括工程项目施工过程中所涉及的有关政治、经济、技术、财务资料，具体可进行如下分类：

(1)索赔产生社会影响事件记录资料。重大新闻报道记录，如罢工、动乱、地震以及其他重大灾害等不可抗力。

(2)重要经济法规政策及后继法规文件。如税收规定、海关商检费用规定、外币汇率变化、工资调整政策文件等。

(3)政府官员和工程主管部门领导视察工地时的重要讲话影响索赔相关记录。

(4)权威机构发布的异常天气和气温预报，尤其是异常天气水文的报告等。

(5)施工来往函件。监理工程师的指令，与业主单位或监理工程师的来往函件和电话记录。

(6)现场施工日志。

(7)施工现场记录报表。每日出勤的人工和设备报表、完工验收记录、施工事故详细记录。

(8)工地会议记录。

(9)施工材料计划、进场检验和使用记录。

(10)施工过程质量检查记录。

(11)施工进度计划及实际进度记录。

(12)施工图纸审签、变更文件记录。

(13)索赔事件的详细记录本或影像记录。

(14)施工效率降低的记录等。

(15)工程项目计量支付报表。施工月进度支付报表、付款凭证等。

(16)工人劳动计时卡及工资表,材料、设备及配件采购单,付款收据,收款单据,工程款及索赔款迟付记录,迟付款利息报表,向分包商付款记录。

(17)现金流动计划报表,会计日报表、会计总账、财务报告、会计来往信件及文件。

(18)货币汇率变化证据等。

在引用证据时,要注意该证据的效力或可信程度。为此,对重要的证据资料最好附以文字证明或确认件。例如,对一个重要的电话内容,仅附上自己的记录本是不够的,最好附上经过双方签字确认的电话记录或附上发给对方要求确认该电话记录的函件,即使对方未给复函,亦可说明责任在对方,因为对方未复函确认或修改,按惯例应理解为对方已默认。

5.6.2 编写索赔报告的一般要求

索赔报告是具有法律效力的正规的书面文件。对重大的索赔,最好在律师或索赔专家的指导下进行。编写索赔报告的一般要求有以下几方面:

(1)索赔事件应该真实。索赔报告中所提出的干扰事件,必须有可靠的证据、证明。对索赔事件的叙述必须明确、肯定,不包含任何估计的猜测。

(2)责任分析应清楚、准确、有根据。索赔报告应仔细分析事件的责任,明确指出索赔所依据的合同条款或法律条文,且说明承包商的索赔是完全按照合同规定程序进行的。

(3)充分论证事件造成承包商的实际损失。索赔的原则是赔偿由事件引起的承包商所遭受的实际损失,所以索赔报告中应强调由于事件影响,使承包商在实施工程中所受到干扰的严重程度,以致工期拖延,费用增加;充分论证事件影响实际损失之间的直接因果关系,报告中还应说明承包商为了避免或减轻事件影响和损失已尽了最大的努力,采取了所能采用的措施。

(4)索赔计算必须合理、正确。要采用合理的计算方法,正确地计算出应取得的经济补偿款额或延长的工期。计算中应力求避免漏项或重复,不出现计算上的错误。

索赔报告文字要精练、条理要清楚、语气要中肯。索赔报告必须简洁明了、条理清楚、结论明确、有逻辑性。索赔证据和索赔值的计算应详细和清晰,没有差错且又不显烦琐。语气措辞应中肯,在论述事件的责任及索赔根据时,所用词语要肯定,忌用“大概”“一定程度”“可能”等词汇;在提出索赔要求时,语气要恳切,忌用强硬或命令式的口气。

5.7　项目施工索赔管理

5.7.1　索赔意向通知

在索赔事件发生后,承包商应抓住索赔机会,迅速做出反应。承包商应在索赔事件发生后的 28 天内向监理工程师递交索赔意向通知,声明将对此索赔事件提出索赔。该意向通知是承包商就具体的索赔事件向工程师和业主表示的索赔愿望和要求。如果超过这个期限,监理工程师和业主有权拒绝承包商的索赔要求。

5.7.2　索赔的准备

当索赔事件发生时,承包商就应进行索赔处理工作,直到正式向监理工程师和业主提交索赔报告。这一阶段包括许多具体复杂的工作,主要有:

(1)索赔事件调查,即寻找索赔机会。通过对合同实施的跟踪、分析、诊断,发现索赔机会,而后对它进行详细的调查和跟踪,以了解事件经过、前因后果,掌握事件的翔实情况。

(2)索赔事件责任分析。损害事件原因分析,即分析这些损害事件是由谁引起的,它的责任应由谁承担。一般只有非承包商责任的损害事件才有可能提出索赔。

(3)索赔根据,即索赔理由,主要指合同文件。必须按合同判明这些索赔事件是否违反合同,是否在合同规定的索赔范围之内,只有符合合同规定的索赔要求才有合法性。

(4)损失调查,即对索赔事件的影响分析。它主要表现为工期的延长和费用的增加。如果索赔事件不造成损失,则无索赔可言。调查损失的重点是收集、分析、对比实际和计划的施工进度、工程成本和费用方面的资料,在此基础上计算索赔值。

(5)收集证据。索赔事件一发生,承包商就应抓紧收集证据,并在索赔事件持续期间一直保持有完整的当时记录。同样,这也是索赔要求有效的前提条件。如果在索赔报告中提不出索赔理由、索赔事件的影响、索赔值的计算等方面的详细资料,索赔要求是不能成立的。在实际工程中,许多索赔要求都因没有或缺少书面证据而得不到合理的解决，所以承包商必须对这个问题有足够的重视。通常承包商应按工程师的要求做好并保持当时记录，并接受工程师的审查。

(6)编写索赔报告。索赔报告是上述各项工作的总结和概括，它表达了承包商的索赔要求和支持这个要求的详细依据，决定了承包商索赔的地位，是索赔要求能否获得顺利和合理解决的关键。

5.7.3 索赔报告递交

索赔意向通知提交后 28 天内，或监理工程师可能同意的其他合理时间内，承包商应递交正式的索赔报告。索赔报告的内容包括：事件发生的原因、证据资料、索赔的依据、此项索赔要求补偿的款项和工期展延天数的详细计算过程等有关材料。如果索赔事件持续存在，28 天还不能算出索赔额和工期展延天数，承包商应按监理工程师要求的合理时间间隔(一般为 28 天)，定期陆续报出每个时间段内的索赔证据资料和索赔要求，在该项索赔事件的影响结束后的 28 天内，报出最终详细报告，提出索赔论证资料和累计索赔额。承包商从签署合同协议书起，至出具的同意与业主解除合同关系的“结清单”生效之前，都拥有索赔的权利。

5.8 工程师处理索赔

5.8.1 工程师处理索赔的原则和依据

(1)预防为主的原则。任何索赔事件的出现，都会造成工程拖期或成本增大，增加履行合同的困难，对于项目业主和承包商双方来说都是不利的，因此监理工程师应努力从预防索赔发生着手，洞察工程实施中可能导致索赔的起因，防止或减少索赔事件的出现。

(2)必须以合同为依据。遇到索赔事件时，监理工程师必须以完全独立的裁判人的身份，站在客观公正的立场上审查索赔要求的正当性。必须对合同条件、协议条款等有详细了解，以合同为依据来公平处理合同双方的利益纠纷。

(3)公平合理原则。监理工程师处理索赔时，应恪守职业道德，以事实为依据，以合同为准绳，做出公正的决定。合理的索赔应予以批准，不合理的索赔应予以驳回。

(4)协商原则。监理工程师在处理索赔时，应认真研究索赔报告，充分听取项目业主和承包商的意见，主动与双方协商，力求取得一致同意的结果。这样做不仅能圆满处理好索赔事件，也有利于顺利履行和完成合同。当然，在协商不成的情况下监理工程师有权做出决定。

(5)授权的原则。监理工程师处理索赔事件,必须在合同规定、项目业主授权的权限之内,当索赔金额或延长工期时间超出授权范围时,则监理工程师应向项目业主报告,在取得新的授权后才能做出决定。

(6)必须注意资料的积累。积累一切可能涉及索赔论证的资料,同施工企业、项目业主研究的技术问题、进度问题和其他重大问题的会议应当做好文字记录,并争取会议参加者签字,作为正式文档资料。同时应建立业务往来的文件编号档案等业务记录制度,做到处理索赔时以事实和数据为依据。

(7)及时、合理地处理索赔。索赔发生后必须依据合同的准则及时地对单项索赔进行处理。一般情况下,不宜采用所谓"一揽子索赔"处理方式。

5.8.2　监理工程师审查评价索赔报告

(1)监理工程师审核承包商的索赔申请。接到承包商的索赔意向通知后,监理工程师应建立自己的索赔档案,密切关注事件的影响,检查承包商的同期记录时,随时就记录内容提出不同意之处或希望予以增加的记录项目。

在接到正式索赔报告后,认真研究承包商报送的索赔资料。首先在不确定责任归属的情况下,客观分析事件发生的原因,重温合同的有关条款,研究承包商的索赔证据,并查阅监理工程师的同期记录。其次通过对事件的分析,监理工程师再依据合同条款划清责任界限,如有必要还可以要求承包商进一步提供补充资料。尤其是对承包商与项目业主或监理工程师都负有一定责任的事件影响,更应划出各方应承担合同责任的比例。最后审查承包商提出的索赔补偿要求,剔除其中的不合理部分,拟定自己计算的合理索赔款额和工期展延天数。

(2)索赔成立条件,依据合同条件涉及索赔原因的各条款内容,可以归纳出监理工程师判定承包商索赔成立的条件为:①合同依据。与合同相对照,事件已造成了承包商成本的额外支出,或直接工期损失。②事件责任划分。造成费用增加或工期延误损失的原因,按合同约定不属于承包商应承担的行为、合同责任或风险责任。③项目索赔事件评价报告。承包商按合同规定的程序,提交了索赔意向通知和索赔报告。

上述三个条件没有先后主次之分,应当同时具备。只有监理工程师认定索赔成立后,才按一定程序组织进行索赔事件调查、评价、评审处理。

第 6 章　结论和展望

水利水电工程建设项目管理的主要目标，关键是要保证按照设计图纸施工，达到设计功能要求，在保证质量、安全的前提下，实现合同工期和投资控制的目标。在不同地区、不同河流、不同坝址，进行水利水电工程规划、勘测、设计和建设，每一工程项目相应的建设条件，地形、地质条件，水文、气象条件，业主供应条件等，均存在很大的差别。项目施工现场的实际情况总是处于动态变化中，项目建设过程中产生的工程变更是不可避免的，工程项目建设合同管理就是不断地发现问题、分析问题和解决问题。工程变更的产生和及时处理，从一定程度上讲就是使工程项目的某一局部设计方案更加优化、更加合理、更加接近工程现场实际。正确、客观、科学、合理地评价处理项目建设过程中所产生的工程变更，正确分析变更产生的原因、性质，分析项目变更对项目合同要素管理的影响，重点分析对项目工期、造价、质量、安全、环境等目标值的影响，及时进行变更分析处理实施，是确保工程建设项目合同目标实现的重要环节。合同条件是工程变更评价处理的基础依据，所以任何基于合同条件的工程尺寸、规模、工程量、施工程序等的改变，均可能影响合同目标的实现，对合同工期和费用控制可能产生不同程度的实质性影响时，则需要进行调整。针对具体工程项目所产生变更的原因和部位，准确分析计算实施变更所需要投入的资源数量，重点对实施变更所需的人员数量，设备种类、规格、型号以及设备的作业效率，需要的材料，进行科学的分析计算，对准确评价变更对合同工期的影响是可行的和有效的。

(1)统计项目变更实施所投入的人员、设备、材料及管理配套设施的数量。FIDIC 合同条件下，工程项目建设合同管理的工程变更评审中采用实物量法进行相关费用计算分析，对项目变更所需要实施的人员、设备和材料进行准确实物数量统计计算，按照项目实际施工管理水平和作业条件，计算统计完成实施变更所需的各类级别的作业人、时数，设备台时，消耗的材料数量，和配套的管理设施规模、效率和数量，可以较为准确地计算变更的工程费用，对科学评价变更和对合同费用目标的影响，是十分必要和有效的。我国大中型基础设施建设和水利水电工程建设合同管理，应该遵循项目管理技术原理、原则和方法。

(2)建立工程项目基础数据库。根据水利水电工程的建设特点，工程建设合同管理过程中变更产生的条件和频度，划分工程项目变更的类别、范围、规模和处理原则，建立工程项目基础数据库，特别是在项目开始时建立工程项目进度、费用开支管理系统。

(3)分析评估项目变更对项目合同的工期和费用的影响。在项目实施过程中,采用项目管理分析工具,正确分析工程变更对合同工期和费用成本控制的影响评价,研究探讨建立工程变更的分析评价处理程序和方法,对提高我国大中型基础设施和水利水电工程建设合同管理水平,具有现实意义和使用价值。

项目实施过程的工程变更管理,是合理调整合同履约双方的风险与利益分配管理,确保项目全面实现设计功能目标,保证项目质量、安全,更好地实现项目合同目标。

6.1　主要结论

本书从FIDIC合同条件下工程变更处理中工期与费用计算等方面的若干重要问题提出分析,提出的变更评价处理程序和方法直接应用于大中型水利水电工程建设项目合同管理,主要研究成果如下:

(1)大中型水利水电工程建设受地形地质条件的影响很大,并且受水流条件、气象等自然条件的限制,根据工程建设条件在建设过程中的业主供应条件,如施工供水、供电、道路交通、通信、营地、主要建筑材料供应等方面条件,在国际工程项目中经常会发生海运、清关、陆地运输、当地法律法规、当地劳务供应等条件的变化,发生工程变更与索赔是十分常见且十分普遍的情况。但如何及时准确地进行工程变更对工期与费用的评价,科学、公正地进行变更处理尤为重要。科学准确地进行工程变更处理对项目建设的工期目标和投资目标的实现十分重要。

(2)FIDIC合同条件下我国大中型基础设施建设和水利水电工程利用外资进行国际招标的建设合同管理,工程规模大,技术复杂,相应投资风险大。合同规定的合理投标周期有利于承包商对工程合同项目进行全面系统的分析理解,以提出技术可行、报价合理、具有竞争力的投标文件。否则,不合理投标周期将导致粗糙估价,由于工程项目客观存在各种不确定因素,对项目合同实施管理控制不利,潜在的变更事件增加了合同管理的难度。

(3)《合同工程量清单》(BOQ),是合同文件的重要组成部分,也是合同管理的基础依据性文件。而对于单价合同来说,合同项目工程量的分类划分直接影响工程进度款的合理支付,对工程的顺利实施起着重要的作用,因此工程项目结构分解(WBS)细目的划分应遵循和符合技术规范条款(Specification)规定的内容,便于计量与支付。

(4)合同工程量清单的工程量应尽可能准确。这就对项目前期不同阶段勘测和设计的深度提出了严格的要求。在项目合同实施管理过程中，便于处理工程变更及简化施工索赔等问题，最大限度地发挥单价合同的优势。在招标设计阶段，编制《工程量清单表》（BOQ）时要对其项目合同的工程规模和性质进行充分的论证分析，科学、合理地进行分类划分并进行项目结构分解（WBS），不能漏项，完整地列出工程量清单中的分类细目。工程量清单中各项的工作内容和计量单位应准确，符合行业习惯，严格与《技术规范》（Specification）、施工设计图纸文件相一致；工程量应尽量接近工程实际，具有综合性和可计量性。完善、准确、合理的合同工程量清单是项目合同建设工程变更评价管理的前提条件。

（5）FIDIC 合同条件下应明确业主提供的建设条件。例如交通条件、供水条件、供电条件、场地条件、物资供应条件等。当地劳务供应条件，对提供劳务的方式、标准、责任和权利做出明确规定。将为项目合同管理中工程变更管理评审提供基础依据。

（6）FIDIC 合同条件下的工程项目建设合同和大中型水利水电工程施工合同管理，应明确合同关键项目中间完工日期和里程碑，这样有利于项目合同的工程变更对合同工期影响的评价分析。合同规定的关键项目中间完工日期和里程碑是工程变更关于合同工期影响评价的基础性依据文件。

（7）FIDIC 合同条件下的工程项目建设合同和大中型水利水电工程施工合同文件，应明确规定承包商的劳务人员技术等级标准，设备的完好率水平。根据项目所在地物价水平建立项目基础数据库；在工程变更影响评价分析时，要针对项目建设实施的实际条件，研究分析人时作业效率、施工机械设备台时作业效率。作业资源配置是分析研究工程变更对项目合同进度、项目合同工期和费用影响的核心评价指标。

合同文件要求列出合同项目关于项目组织机构和管理人员级别、数量，营地规模，办公设施，施工工厂设施，实验检测，临时交通道路，运输，保险，税费及利润等内容的费用计算分解。对于承包商合同项目管理的间接费用设施规模和水平进行评审，便于合同实施过程中工程变更对费用的影响评价。

FIDIC 合同条件下工程项目建设合同实施中工程变更管理，对当地劳务调差，一般采用“基于价格”和“基于指数”两种调差方法。指定供应当地材料的调差是采用文件证据法。鉴于目前我国市场经济进程，应尽快建立和完善劳务市场及劳务市场管理机构，根据市场就业行情定期公布劳务价格指数。一方面政府完善职业分类划分，制定专业技术标准和规范职业等级认定考试制度指导就业；另一方面便于进行工程项目合同管理、劳务管理和劳务价格调差补偿。但中国水利水电定额调差也具有很大的片面性，最好不要采用“基于价格”的方法，要采用“基于指数”的方法，实现与国际市场接轨。

我国实行市场经济以来,已经形成了自己的市场价格体系,政府定期公布当地的市场价格信息,物价部门发布物价指数。工程项目合同管理关于价差调整以政府发布的市场参考价格与投标基本价格之比作为当地材料价格的调整因子,基本符合实际,业主和承包商都可接受。在新版 FIDIC 施工合同条件中,因成本改变的调整而推荐以合同约定的调价公式对系数进行调整,这样就可避免因价差引发索赔事件。

6.2　现代项目管理展望

本书对 FIDIC 合同条件下水利水电土建工程国际招标项目建设合同工程变更评价处理问题进行分析研究,还有许多待完善的地方,有待于今后进一步做深入探讨。展望未来我国大中型基础设施项目建设和水利水电工程开发建设,工程项目建设管理过程中的有关问题将需要进一步重点关注和研究。

(1)大中型基础设施项目和水利水电工程,每一合同项目相应的建设条件、地形地质条件、水文气象条件、业主供应条件等均存在很大的差别。项目建设施工现场总是动态变化的,项目建设合同实施过程中产生的工程变更是不可避免的。合同实施过程中工程变更无处不在,无时不有。项目建设合同的工程变更管理评价是实现项目合同管理目标的重要环节。

(2)FIDIC 合同条件下水利水电工程建设项目合同利用外资采用国际招标,项目投资与风险相对较大,合同条件是工程变更评价处理的基础依据,所以任何基于合同条件下的工程规模、建筑物尺寸、工程量、施工程序等的改变,均可能对合同目标的实现产生影响。对项目合同工期和费用控制可能不同程度地产生实质性影响,这就需要进行调整变更。完善、准确、合理的合同工程量清单是项目合同建设进行工程变更评价管理的基础依据和前提条件。

(3)FIDIC 合同条件下采用实物量法进行工程投资分析和费用计算是国际上工程成本估算通用的计算方法,它比我国现行采用的行业定额法更符合工程施工实际,计算更为科学合理,结果更为准确。推行实物量法进行工程概预算和投资控制是市场经济发展的必然需要。市场经济条件下工程定额应重点制定人时工效、施工机械设备台时的作业效率定额。投资估算必须考虑市场条件下项目的组织管理水平、资源配置和变化的市场条件。在市场经济条件下,组织编制人力资源、施工机械设备、材料基础资源分类标准和规范。尽快建立和管理工程项目投资估算的基础资源价格数据库。

(4)FIDIC 施工合同条件新版已经颁布实施,而在我国国内还没有在大型水利水电项目中得到全面实施应用,随着大中型基础设施和水电工程项目的开发实施和应用，肯定会出现新的问题，必须不断地进行探索、分析、研究和总结。

(5)随着中国对外投资规模的加大，尤其在海外基础设施和水利水电工程建设领域的投资力度也在不断加大，中国水电领域已经代表当今世界先进水平，中国制造、中国建造、中国标准规范和中国项目咨询管理也在大步走向世界。在东南亚、非洲及南美等地区，对重大基础设施和水利水电工程项目采用设计－施工－采购EPC总承包合同管理模式，这样，在项目业主缺乏大型项目管理能力、经验的情况下，将项目建设过程中的风险转移至项目总承包商，而总承包商可以更好地基于项目专业管理能力、经验，利用专业管理团队，更好地协调项目设计方、项目施工方和设备制造厂商的各自的专业团队优势，建立项目良好的沟通管理渠道，有利于控制项目关键线路和重要里程碑计划的实施。当前，在非洲市场主要采用项目EPC合同管理模式。本书作者也亲自参与了非洲水电站项目EPC合同管理的实践。采用EPC合同管理模式进行项目管理，在项目实施过程中对总包方项目管理团队提出了更高要求。对项目的客观条件、当地经济、社会以及安全环境必须进行深入的调研、分析评估，在项目管理团队、项目计划管理、项目沟通管理、项目进度、质量管理、安全管理、环境(QHSE)管理、项目信息管理、项目风险管理等方面，都要进行全面、周到、科学的策划。严格的过程管理与控制，良好的协调、沟通管理，才能获得项目预期的效果和目标。

(6)根据基础设施项目建设和水利水电工程的建设特点、工程建设合同管理过程中产生变更的条件和出现频度，正确分析工程变更对合同工期和费用成本控制的影响评价，研究探讨工程变更的分析评价处理程序和科学方法，对提高我国大中型基础设施和水利水电工程建设合同管理水平具有现实意义和实用价值。

综上所述，本书的结束，意味着新的问题的提出，需要在今后的工作实践中不断总结提高。

附　录

××××电站引水发电系统工程 WBS 项目分解表

单位工程一级编码	分部工程二级编码	分项工程三级编码	单元工程四级编码	项目名称	单位	数量	备注
06 进水口与引水隧洞工程				进水口与引水隧洞工程			
	0601			进水口开挖与支护工程			
		060101		开挖工程			
		060102		支护工程			
		060103		预应力锚索			
	0602			1#进水塔土建工程			
		060201		混凝土工程			
		060202		固结灌浆			
		060203		预应力锚索			
		060204		排水工程			
	0603			2#进水塔土建工程			
		060301		混凝土工程			
		060302		固结灌浆			
		060303		预应力锚索			
		060304		排水工程			
	0604			3#进水塔土建工程			
		060401		混凝土工程			
		060402		固结灌浆			
		060403		预应力锚索			
		060404		排水工程			

续表

单位工程一级编码	分部工程二级编码	分项工程三级编码	单元工程四级编码	项目名称	单位	数量	备注
06 进水口与引水隧洞工程	0605			4#进水塔土建工程			
		060501		混凝土工程			
		060502		固结灌浆			
		060503		预应力锚索			
		060504		排水工程			
	0606			5#进水塔土建工程			
		060601		混凝土工程			
		060602		固结灌浆			
		060603		预应力锚索			
		060604		排水工程			
	0607			进水口护坦工程			
		060701		土石方工程			
		060702		混凝土工程			
	0608			1#引水洞土建工程			
		060801		开挖工程			
		060802		支护工程			
		060803		混凝土衬砌工程			
		060804		固结灌浆			
		060805		回填灌浆			
		060806		接触灌浆			
	0609			2#引水洞土建工程			
		060901		开挖工程			
		060902		支护工程			
		060903		混凝土衬砌工程			
		060904		固结灌浆			
		060905		回填灌浆			
		060906		接触灌浆			

续表

单位工程一级编码	分部工程二级编码	分项工程三级编码	单元工程四级编码	项目名称	单位	数量	备注
06 进水口与引水隧洞工程	0610	3#引水洞土建工程					
		061001		开挖工程			
		061002		支护工程			
		061003		混凝土衬砌工程			
		061004		固结灌浆			
		061005		回填灌浆			
		061006		接触灌浆			
	0611	4#引水洞土建工程					
		061101		开挖工程			
		061102		支护工程			
		061103		混凝土衬砌工程			
		061104		固结灌浆			
		061105		回填灌浆			
		061106		接触灌浆			
	0612	5#引水洞土建工程					
		061201		开挖工程			
		061202		支护工程			
		061203		混凝土衬砌工程			
		061204		固结灌浆			
		061205		回填灌浆			
		061206		接触灌浆			
	0613	KW51 岩溶系统工程					
		061301		开挖工程			
		061302		支护工程			
		061303		混凝土衬砌工程			
		061304		排水工程			

续表

单位工程一级编码	分部工程二级编码	分项工程三级编码	单元工程四级编码	项目名称	单位	数量	备注
06 进水口与引水隧洞工程	0614			右岸灌浆平洞工程			
		061401		EL301.5 灌浆平洞开挖工程			
		061402		EL301.5 灌浆平洞支护工程			
		061403		EL301.5 灌浆平洞混凝土工程			
		061404		EL301.5 灌浆平洞回填灌浆工程			
		061405		EL301.5 灌浆平洞固结灌浆工程			
		061406		EL301.5 灌浆平洞帷幕灌浆工程			
		061407		EL238 灌浆平洞开挖工程			
		061408		EL238 灌浆平洞支护工程			
		061409		EL238 灌浆平洞混凝土工程			
		061410		EL238 灌浆平洞回填灌浆工程			
		061411		EL238 灌浆平洞固结灌浆工程			
		061412		EL238 灌浆平洞帷幕灌浆工程			
		061413		EL193 灌浆平洞开挖工程			
		061414		EL193 灌浆平洞支护工程			
		061415		EL193 灌浆平洞混凝土工程			
		061416		EL193 灌浆平洞回填灌浆工程			
		061417		EL193 灌浆平洞固结灌浆工程			
		061418		EL193 灌浆平洞帷幕灌浆工程			
		061419		EL193 灌浆平洞工程			
		061420		灌浆平洞吊物井工程			
		061421		P3 探洞工程			
		061422		P4 探洞工程			
		061423		P11 探洞工程			

续表

单位工程一级编码	分部工程二级编码	分项工程三级编码	单元工程四级编码	项目名称	单位	数量	备注
06进水口与引水隧洞工程	0615			压力钢管制作安装工程			
		061501		$1^{\#}$机压力钢管制作安装			
		061502		$2^{\#}$机压力钢管制作安装			
		061503		$3^{\#}$机压力钢管制作安装			
		061504		$4^{\#}$机压力钢管制作安装			
		061505		$5^{\#}$机压力钢管制作安装			
	0616			进水口金属结构安装工程			
		061601		电站进水口拦污栅门槽埋件安装			
		061602		电站进水口拦污栅安装			
		061603		电站进水口检修门槽埋件安装			
		061604		电站进水口检修门安装			
		061605		电站进水口快速门门槽埋件安装			
		061606		电站进水口快速门安装			
		061607		快速门液压启闭机安装			
		061608		进水口门式启闭机安装			
		061609		进水口门式启闭机轨道及附件安装			
		061610		进水口及引水洞电气接地工程			
	0617			安全监测工程			
		061701		进水塔安全监测			
		061702		进水口边坡安全监测			
		061703		引水洞安全监测			
07地下厂房及附属硐室工程				地下厂房及附属硐室工程			
	0701	070101		进场交通洞			
		070102		开挖工程			
		070103		支护工程			

续表

单位工程一级编码	分部工程二级编码	分项工程三级编码	单元工程四级编码	项目名称	单位	数量	备注
07 地下厂房及附属硐室工程	0701	070104		排水工程			
		070105		混凝土衬砌工程			
		070106		隧洞路面工程			
		070107		洞口工程			
		070108		洞内通风及照明安装工程			
	0702	厂房开挖、支护及排水工程					
		070201		厂房开挖工程			
		070202		厂房喷锚支护工程			
		070203		厂房预应力锚索工程			
		070204		岩锚梁张拉锚杆			
		070205		排水工程			
		070206		地下厂房开挖支护接地工程			
	0703	厂房混凝土工程					
		070301		岩锚梁混凝土工程			
		070302		1#机混凝土工程			
		070303		2#机混凝土工程			
		070304		3#机混凝土工程			
		070305		4#机混凝土工程			
		070306		5#机混凝土工程			
		070307		集水井混凝土工程			
		070308		安装间混凝土工程			
	0704	主厂房固结灌浆工程					
		070401		厂房下游边墙固结灌浆工程			
		070402		厂房 EL189 岩墩固结灌浆			
		070403		主厂房机坑底部基础固结灌浆			

续表

单位工程一级编码	分部工程二级编码	分项工程三级编码	单元工程四级编码	项目名称	单位	数量	备注
07 地下厂房及附属硐室工程	0705	厂房安全监测工程					
		070501		主厂房安全监测			
		070502		厂房岩锚梁安全监测			
		070503		机组检修闸门廊道安全监测			
	0706	母线洞及通风竖井工程					
		070601		1#母线竖井工程			
		070602		2#母线竖井工程			
		070603		3#母线竖井工程			
		070604		4#母线竖井工程			
		070605		5#母线竖井工程			
		070606		母线交通竖井工程			
		070607		1#母线交通廊道工程			
		070608		2#母线交通廊道工程			
		070609		3#母线交通廊道工程			
		070610		厂房通风竖井工程			
	0707	主厂房排水工程					
		070701		厂外一层排水洞开挖工程			
		070702		厂外一层排水洞混凝土工程			
		070703		厂外一层排水洞回填灌浆工程			
		070704		厂外一层排水洞固结灌浆工程			
		070705		厂外一层排水洞帷幕灌浆工程			
		070706		厂外二层排水洞开挖工程			
		070707		厂外二层排水洞混凝土工程			
		070708		厂外二层排水洞回填灌浆工程			
		070709		厂外二层排水洞固结灌浆工程			

续表

单位工程一级编码	分部工程二级编码	分项工程三级编码	单元工程四级编码	项目名称	单位	数量	备注
07 地下厂房及附属硐室工程	0707	070710		厂外二层排水洞帷幕灌浆工程			
		070711		厂外三层排水洞开挖工程			
		070712		厂外三层排水洞混凝土工程			
		070713		厂外三层排水洞回填灌浆工程			
		070714		厂外三层排水洞固结灌浆工程			
		070715		厂外三层排水洞帷幕灌浆工程			
		070716		厂外排水 1#竖井工程			
		070717		厂外排水 2#竖井工程			
		070718		厂外排水 3#竖井工程			
		070719		KW84 岩溶系统开挖工程			
		070720		KW84 岩溶系统混凝土工程			
		070721		KW84 岩溶系统排水工程			
		070722		排水管道洞			
		070723		尾水排空洞			
	0708	机组检修闸门廊道土建工程					
		070801		闸门廊道工程			
		070802		1#检修闸门室及竖井			
		070806		2#检修闸门室及竖井			
		070804		3#检修闸门室及竖井			
		070805		4#检修闸门室及竖井			
		070806		5#检修闸门室及竖井			
	0709	机组检修闸门廊道金属结构安装工程					
		070901		检修门槽埋件安装			
		070902		检修闸门安装			
		070903		检修闸门廊道启闭机安装			
	0710	主厂房及附属硐室装饰工程					

续表

单位工程一级编码	分部工程二级编码	分项工程三级编码	单元工程四级编码	项目名称	单位	数量	备注
08 变电站土建工程	500 kV 变电站土建工程						
	0801	开挖与支护工程					
		080101	08010101	边坡开挖			
				地基开挖			
				支护工程			
	0802	080102		混凝土工程			
	0803	080103		圬工及排水工程			
	0804	080104		装饰工程			
09 尾水隧洞及出口边坡工程	尾水隧洞及出口边坡工程						
	0901	1#尾水隧洞					
		090101		洞身开挖			
		090102		支护工程			
		090103		预应力锚索			
		090104		混凝土工程			
		090105		回填灌浆			
		090106		固结灌浆			
	0902	2#尾水隧洞					
		090201		洞身开挖			
		090202		支护工程			
		090203		混凝土工程			
		090204		预应力锚索			
		090205		回填灌浆			
		090206		固结灌浆			
	0903	3#尾水隧洞					
		090301		洞身开挖			

续表

单位工程一级编码	分部工程二级编码	分项工程三级编码	单元工程四级编码	项目名称	单位	数量	备注
09 尾水隧洞及出口边坡工程	0903	090302		支护工程			
		090303		混凝土工程			
		090304		预应力锚索			
		090305		回填灌浆			
		090306		固结灌浆			
	0904	4#尾水隧洞					
		090401		洞身开挖			
		090402		支护工程			
		090403		混凝土工程			
		090404		预应力锚索			
		090405		回填灌浆			
		090406		固结灌浆			
	0905	5#尾水隧洞					
		090501		洞身开挖			
		090502		支护工程			
		090503		混凝土工程			
		090504		预应力锚索			
		090505		回填灌浆			
		090506		固结灌浆			
	0906	1#尾水塔工程					
		090601		混凝土工程			
		090602		固结灌浆			
		090603		预应力锚索			
		090604		排水工程			
	0907	2#尾水塔工程					

续表

单位工程一级编码	分部工程二级编码	分项工程三级编码	单元工程四级编码	项目名称	单位	数量	备注
09 尾水隧洞及出口边坡工程	0907	090701		混凝土工程			
		090702		固结灌浆			
		090703		预应力锚索			
		090704		排水工程			
	0908	3[#]尾水塔工程					
		090801		混凝土工程			
		090802		固结灌浆			
		090803		预应力锚索			
		090804		排水工程			
	0909	4[#]尾水塔工程					
		090901		混凝土工程			
		090902		固结灌浆			
		090903		预应力锚索			
		090904		排水工程			
	0910	5[#]尾水塔工程					
		091001		混凝土工程			
		091002		固结灌浆			
		091003		预应力锚索			
		091004		排水工程			
	0911	尾水出口边坡开挖与支护工程					
		091101		尾水出口边坡开挖工程			
		091102		尾水出口边坡支护工程			
		091103		预应力锚索			
	0912	闸门井及T形梁混凝土工程					
		091201		1[#]机闸门井			

续表

单位工程一级编码	分部工程二级编码	分项工程三级编码	单元工程四级编码	项目名称	单位	数量	备注
09尾水隧洞及出口边坡工程	0912	091202		2#机闸门井			
		091203		3#机闸门井			
		091204		4#机闸门井			
		091205		5#机闸门井			
	0913			安全监测工程			
		091301		尾水隧洞安全监测			
		091302		尾水出口边坡安全监测			
10水电站机电设备安装工程				水电站机电设备安装工程			
	1001			1#发电单元安装			
		100101		1#水轮机及其附属设备安装			
			10010101	尾水肘管制作	套	1	
				尾水肘管安装	套	1	
				尾水管锥管里衬安装	套	1	
				基础环安装	套	1	
				底环安装	套	1	
				座环现场加工、组装及安装	套	1	
				蜗壳安装	套	1	
				机坑里衬及接力器基础安装	套	1	
				尾水管及蜗壳排水盘型阀安装	套	3	
				顶盖安装	套	1	
				导水机构安装	套	1	
				接力器安装	套	1	
				水导轴承及附件安装	套	1	
				转轮安装	套	1	

续表

单位工程一级编码	分部工程二级编码	分项工程三级编码	单元工程四级编码	项目名称	单位	数量	备注
10 水电站机电设备安装工程	1001	100101		水轮机轴安装	套	1	
				主轴密封系统安装	套	1	
				导轴承供排油管路系统安装	套	1	
				主轴密封供、排水系统	套	1	
				机组检修密封系统	套	1	
				主轴自然补气装置及管道系统	套	1	
				顶盖排水系统	套	1	
				水力监视测量系统	套	1	
				单轨环形吊车	套	1	
				水轮机室照明系统	套	1	
				水轮机仪表盘及端子箱	套	1	
				自动化元件	套	1	
				电缆管	套	1	
		100102		1#水轮机调速系统安装			
			10010201	调速器电气部分安装	套	1	
				调速器机械液压部分安装	套	1	
				压力油罐安装	套	1	
				回油箱安装	套	1	
				油泵电动机安装	套	1	
				静电液压过滤循环装置安装	套	1	
				油压装置电气部分安装	套	1	
				自动化元件、仪器、仪表安装	套	1	
				调速系统管道及附件安装	套	1	
				冷却器安装	套	1	
				调速器测速及机械过速保护装置安装	套	1	

续表

单位工程一级编码	分部工程二级编码	分项工程三级编码	单元工程四级编码	项目名称	单位	数量	备注
10 水电站机电设备安装工程	1001	100102		电缆管安装	套	1	
				槽钢安装	m		
		100103	1#发电机及其附属设备安装				
			10010301	安装场组装用埋件及连接件安装	套	1	
				定子安装	套	1	
				转子安装	套	1	
				上、下端轴安装	套	1	
				下机架安装	套	1	
				上机架安装	套	1	
				推力轴承及上、下导轴承安装	套	1	
				上、下盖板安装	套	1	
				上导轴承油槽供、排油系统安装	套	1	
				推力轴承油槽供、排油系统安装	套	1	
				下导轴承油槽供、排油系统安装	套	1	
				推力轴承油冷却器系统安装	套	1	
				下导轴承油冷却器系统安装	套	1	
				上导轴承油冷却器系统安装	套	1	
				高压油减载装置安装	套	1	
				机械制动、顶起及粉尘吸收装置安装	套	1	
				发电机上端轴及集电环安装	套	1	
				机组总装轴线调整	套	1	
				发电机中性点接地装置安装	套	1	
				发电机空冷系统安装	套	1	
				水喷雾灭火系统安装	套	1	
				电加热器安装	套	1	

续表

单位工程一级编码	分部工程二级编码	分项工程三级编码	单元工程四级编码	项目名称	单位	数量	备注
10 水电站机电设备安装工程	1001	100103		发电机机坑照明系统安装	套	1	
				发电机功率变送器安装	套	1	
				发电机端子柜安装	套	1	
				发电机仪表盘安装	套	1	
				发电机中间端子箱安装	套	1	
				发电机振动及摆度传感器安装	套	1	
				温度传感器安装	套	1	
				发电机局部放电监测装置安装	套	1	
				发电机气隙监测装置安装	套	1	
				仪器、仪表及管道附件安装	套	1	
				明敷水管保温材料安装	套	1	
				电缆管安装　　Φ50 mm 及以下			
		100104		1#励磁系统安装及调试	套	1	
			10010401	励磁变压器及其附件	套	1	
				盘柜及电缆安装工程	套	1	
		100105		1#机组技术供水系统安装	套	1	
			10010501	滤水器　　DN400，PN1.6	套	1	
				减压阀　　DN400，PN1.6	套	1	
				电动阀门　　DN400，PN1.6	套	1	
				手动阀门　　DN400，PN1.6	套	1	
				电动阀门　　DN150，PN1.6	套	1	
				手动阀门　　DN350，PN1.6	套	1	
				手动阀门　　DN125，PN1.6	套	1	
				手动阀门　　DN100，PN1.6	套	1	
				手动阀门　　DN65，PN1.6	套	1	

续表

单位工程一级编码	分部工程二级编码	分项工程三级编码	单元工程四级编码	项目名称	单位	数量	备注
10 水电站机电设备安装工程	1001	100105		截止阀　DN32,PN1.6	套	1	
				止回阀　DN32,PN1.6	套	1	
				过滤器　DN32,PN1.0	套	1	
				差压信号器　DN32,PN1.0	套	1	
				电磁阀　DN32,PN1.0	套	1	
				压力表　Y100,P1.0 MPa	套	1	
				压力变送器　Y100,P1.0 MPa	套	1	
				温度计　0~50 ℃	项	1	
				动力及控制盘　2 260×800×600			
				明敷钢管配安(各类规格)	项	1	
				埋设钢管配安(各类规格)	项	1	
				电缆管安装(各类规格)	项	1	
		100106	1#封闭母线安装工程		套	1	
			10010601	主母线安装			
				主母线伸缩节安装			
				主母线与发电机端连接件(含伸缩节)安装			
				主母线与主变压器连接件(含伸缩节)安装			
				主母线外壳伸缩节安装			
				分支母线(与励磁变、厂用变、PT柜相连)			
				分支母线与励磁变、厂用变、PT柜连接件(含伸缩节)			
				支持钢构架预埋件制作及安装			
				支持钢构架(热镀锌)安装			
				安装检修平台制作安装			
				温度、湿度、压力监测装置安装			

续表

单位工程一级编码	分部工程二级编码	分项工程三级编码	单元工程四级编码	项目名称	单位	数量	备注
10 水电站机电设备安装工程	1001	100107		1#发电机电压配电设备安装	套	1	
			10010701	发电机隔离开关(含电动操作机构)			
				18 kV 厂用变压器(带外壳)			
				励磁变压器(带外壳)			
				电流互感器柜			
				电压互感器、避雷器柜			
		100108		1#发变组保护及机组现地控制单元	套	1	
			10010801	机组现地控制单元			
				发变组保护及故障录波系统			
		100109		1#主变压器安装	套	1	
			10010901	主变压器本体及附属设备安装			
				中心点接地平板母线			
				设备支架			
				变压器拉锚制作与安装			
				变压器监控电气设备安装			
				中心点电抗器安装			
		100110		1#机组自用电配电装置	套	1	
			10011001	0.4 kV 动力分电箱或检修分电箱			
				动力、控制电缆及电线安装			
		100111		机组调试试运行	项	1	
			10011101	无水联合调试			
				充水联合调试			
				72 小时试运行			
	1002			2#发电单元安装			

续表

单位工程一级编码	分部工程二级编码	分项工程三级编码	单元工程四级编码	项目名称	单位	数量	备注
10 水电站机电设备安装工程	1002	100201	2#水轮机及其附属设备安装				
			10020101	尾水肘管制作	套	1	
				尾水肘管安装	套	1	
				尾水管锥管里衬安装	套	1	
				基础环安装	套	1	
				底环安装	套	1	
				座环现场加工、组装及安装	套	1	
				蜗壳安装	套	1	
				机坑里衬及接力器基础安装	套	1	
				尾水管及蜗壳排水盘型阀安装	套	3	
				顶盖安装	套	1	
				导水机构安装	套	1	
				接力器安装	套	1	
				水导轴承及附件安装	套	1	
				转轮安装	套	1	
				水轮机轴安装	套	1	
				主轴密封系统安装	套	1	
				导轴承供排油管路系统安装	套	1	
				主轴密封供、排水系统	套	1	
				机组检修密封系统	套	1	
				主轴自然补气装置及管道系统	套	1	
				顶盖排水系统	套	1	
				水力监视测量系统	套	1	
				单轨环形吊车	套	1	
				水轮机室照明系统	套	1	

续表

单位工程一级编码	分部工程二级编码	分项工程三级编码	单元工程四级编码	项目名称	单位	数量	备注
10 水电站机电设备安装工程	1002	100201		水轮机仪表盘及端子箱	套	1	
				自动化元件	套	1	
				电缆管	套	1	
		100202		$2^{\#}$水轮机调速系统安装			
			10020201	调速器电气部分安装	套	1	
				调速器机械液压部分安装	套	1	
				压力油罐安装	套	1	
				回油箱安装	套	1	
				油泵电动机	套	1	
				静电液压过滤循环装置	套	1	
				油压装置电气部分安装	套	1	
				自动化元件、仪器、仪表	套	1	
				调速系统管道及附件	套	1	
				冷却器	套	1	
				调速器测速及机械过速保护装置	套	1	
				电缆管	套	1	
				槽钢			
		100203		$2^{\#}$发电机及其附属设备安装			
			10020301	定子安装	套	1	
				转子安装	套	1	
				上、下端轴安装	套	1	
				下机架安装	套	1	
				上机架安装	套	1	
				推力轴承及上、下导轴承安装	套	1	
				上、下盖板安装	套	1	

续表

单位工程一级编码	分部工程二级编码	分项工程三级编码	单元工程四级编码	项目名称	单位	数量	备注
10水电站机电设备安装工程	1002	100203		上导轴承油槽供、排油系统	套	1	
				推力轴承油槽供、排油系统	套	1	
				下导轴承油槽供、排油系统	套	1	
				推力轴承油冷却器系统	套	1	
				下导轴承油冷却器系统	套	1	
				上导轴承油冷却器系统	套	1	
				高压油减载装置安装	套	1	
				机械制动、顶起及粉尘吸收装置安装	套	1	
				发电机上端轴及集电环安装	套	1	
				机组总装轴线调整	套	1	
				发电机中性点接地装置安装	套	1	
				发电机空冷系统	套	1	
				水喷雾灭火系统	套	1	
				电加热器	套	1	
				发电机机坑照明系统	套	1	
				发电机功率变送器	套	1	
				发电机端子柜	套	1	
				发电机仪表盘	套	1	
				发电机中间端子箱	套	1	
				发电机振动及摆度传感器	套	1	
				温度传感器	套	1	
				发电机局部放电监测装置	套	1	
				发电机气隙监测装置	套	1	
				仪器、仪表及管道附件	套	1	
				明敷水管保温材料安装	套	1	

续表

单位工程一级编码	分部工程二级编码	分项工程三级编码	单元工程四级编码	项目名称	单位	数量	备注
10 水电站机电设备安装工程	1002	100203		电缆管　Φ50 mm 及以下			
		100204		励磁系统安装及调试	套	1	
			10020401	励磁变压器及其附件	套	1	
				盘柜及电缆安装工程	套	1	
		100205		2#机组技术供水系统安装	套	1	
			10020501	滤水器　DN400,PN1.6	套	1	
				减压阀　DN400,PN1.6	套	1	
				电动阀门　DN400,PN1.6	套	1	
				手动阀门　DN400,PN1.6	套	1	
				电动阀门　DN150,PN1.6	套	1	
				手动阀门　DN350,PN1.6	套	1	
				手动阀门　DN125,PN1.6	套	1	
				手动阀门　DN100,PN1.6	套	1	
				手动阀门　DN65,PN1.6	套	1	
				截止阀　DN32,PN1.6	套	1	
				止回阀　DN32,PN1.6	套	1	
				过滤器　DN32,PN1.0	套	1	
				差压信号器　DN32,PN1.0	套	1	
				电磁阀　DN32,PN1.0	项	1	
				压力表　Y100,P1.0 MPa	套	1	
				压力变送器　Y100,P1.0 MPa	套	1	
				温度计　0～50 ℃	套	1	
				动力及控制盘　2 260×800×600	套	1	
				明敷钢管配安(各类规格)	项	1	
				埋设钢管配安(各类规格)	项	1	
				电缆管安装(各类规格)	项	1	

续表

单位工程一级编码	分部工程二级编码	分项工程三级编码	单元工程四级编码	项目名称	单位	数量	备注
10 水电站机电设备安装工程	1002	100206		2#封闭母线安装工程	套	1	
			10020601	主母线			
				主母线伸缩节			
				主母线与发电机端连接件(含伸缩节)			
				主母线与主变压器连接件(含伸缩节)			
				主母线外壳伸缩节			
				分支母线(与励磁变、厂用变、PT 柜相连)			
				分支母线与励磁变、厂用变、PT 柜连接件(含伸缩节)			
				支持钢构架预埋件制作及安装			
				支持钢构架(热镀锌)安装			
				安装检修平台制作安装			
				温度、湿度、压力监测装置			
		100207		2#发电机电压配电设备安装	套	1	
			10020701	发电机隔离开关(含电动操作机构)			
				18 kV 厂用变压器(带外壳)			
				励磁变压器(带外壳)			
				电流互感器柜			
				电压互感器、避雷器柜			
		100208		2#发变组保护及机组现地控制单元	套	1	
			10020801	机组现地控制单元			
				发变组保护及故障录波系统			
		100209		2#主变压器安装			
			10020901	主变压器本体及附属设备安装	套	1	
				中心点接地平板母线			

续表

单位工程一级编码	分部工程二级编码	分项工程三级编码	单元工程四级编码	项目名称	单位	数量	备注
10 水电站机电设备安装工程	1002	100209		设备支架			
				变压器拉锚制作与安装			
				变压器监控电气设备安装			
				中心点电抗器安装			
		100210		2#机组自用电配电装置	套	1	
			10021001	干式变压器			
				0.4 kV 低压开关柜			
				母线桥			
				0.4 kV 动力分电箱或检修分电箱			
				动力、控制电缆及电线安装			
				埋件(型钢、钢板)			
		100211		机组调试试运行	项	1	
			10021101	无水联合调试			
				充水联合调试			
				72 小时试运行			
	1003			3#发电单元安装			
		100301		3#水轮机及其附属设备安装			
			10030101	尾水肘管制作	套	1	
				尾水肘管安装	套	1	
				尾水管锥管里衬安装	套	1	
				基础环安装	套	1	
				底环安装	套	1	
				座环现场加工、组装及安装	套	1	
				蜗壳安装	套	1	

续表

单位工程一级编码	分部工程二级编码	分项工程三级编码	单元工程四级编码	项目名称	单位	数量	备注
10 水电站机电设备安装工程	1003	100301		机坑里衬及接力器基础安装	套	1	
				尾水管及蜗壳排水盘型阀安装	套	3	
				顶盖安装	套	1	
				导水机构安装	套	1	
				接力器安装	套	1	
				水导轴承及附件安装	套	1	
				转轮安装	套	1	
				水轮机轴安装	套	1	
				主轴密封系统安装	套	1	
				导轴承供、排油管路系统安装	套	1	
				主轴密封供、排水系统	套	1	
				机组检修密封系统	套	1	
				主轴自然补气装置及管道系统	套	1	
				顶盖排水系统	套	1	
				水力监视测量系统	套	1	
				单轨环形吊车	套	1	
				水轮机室照明系统	套	1	
				水轮机仪表盘及端子箱	套	1	
				自动化元件	套	1	
				电缆管	套	1	
		100302		3#水轮机调速系统安装			
			10030201	调速器电气部分安装	套	1	
				调速器机械液压部分安装	套	1	
				压力油罐安装	套	1	
				回油箱安装	套	1	

续表

单位工程一级编码	分部工程二级编码	分项工程三级编码	单元工程四级编码	项目名称	单位	数量	备注
10 水电站机电设备安装工程	1003	100302		油泵电动机	套	1	
				静电液压过滤循环装置	套	1	
				油压装置电气部分安装	套	1	
				自动化元件、仪器、仪表	套	1	
				调速系统管道及附件	套	1	
				冷却器	套	1	
				调速器测速及机械过速保护装置	套	1	
				电缆管	套	1	
				槽钢			
		100303	3#发电机及其附属设备安装				
			10030301	定子安装	套	1	
				转子安装	套	1	
				上、下端轴安装	套	1	
				下机架安装	套	1	
				上机架安装	套	1	
				推力轴承及上、下导轴承安装	套	1	
				上、下盖板安装	套	1	
				上导轴承油槽供、排油系统	套	1	
				推力轴承油槽供、排油系统	套	1	
				下导轴承油槽供、排油系统	套	1	
				推力轴承油冷却器系统	套	1	
				下导轴承油冷却器系统	套	1	
				上导轴承油冷却器系统	套	1	
				高压油减载装置安装	套	1	
				机械制动、顶起及粉尘吸收装置安装	套	1	

续表

单位工程一级编码	分部工程二级编码	分项工程三级编码	单元工程四级编码	项目名称	单位	数量	备注
10 水电站机电设备安装工程	1003	100303		发电机上端轴及集电环安装	套	1	
				机组总装轴线调整	套	1	
				发电机中性点接地装置安装	套	1	
				发电机空冷系统	套	1	
				水喷雾灭火系统	套	1	
				电加热器	套	1	
				发电机机坑照明系统	套	1	
				发电机功率变送器	套	1	
				发电机端子柜	套	1	
				发电机仪表盘	套	1	
				发电机中间端子箱	套	1	
				发电机振动及摆度传感器	套	1	
				温度传感器	套	1	
				发电机局部放电监测装置	套	1	
				发电机气隙监测装置	套	1	
				仪器、仪表及管道附件	套	1	
				明敷水管保温材料安装	套	1	
				电缆管　Φ50 mm 及以下			
		100304	3#励磁系统安装及调试		套	1	
			10030401	励磁变压器及其附件			
				盘柜及电缆安装工程			
		100305	3#机组技术供水系统安装		套	1	
			10030501	滤水器　DN400,PN1.6			
				减压阀　DN400,PN1.6			
				电动阀门　DN400,PN1.6			

续表

单位工程一级编码	分部工程二级编码	分项工程三级编码	单元工程四级编码	项目名称	单位	数量	备注
10 水电站机电设备安装工程	1003	100305		手动阀门 DN400,PN1.6			
				电动阀门 DN150,PN1.6			
				手动阀门 DN350,PN1.6			
				手动阀门 DN125,PN1.6			
				手动阀门 DN100,PN1.6			
				手动阀门 DN65,PN1.6			
				截止阀 DN32,PN1.6			
				止回阀 DN32,PN1.6			
				过滤器 DN32,PN1.0			
				差压信号器 DN32,PN1.0			
				电磁阀 DN32,PN1.0			
				压力表 Y100,P1.0 MPa			
				压力变送器 Y100,P1.0 MPa			
				温度计 0~50 ℃			
				动力及控制盘 2 260×800×600			
				明敷钢管配安(各类规格)	项	1	
				埋设钢管配安(各类规格)	项	1	
				电缆管安装(各类规格)	项	1	
		100306	封闭母线安装工程		套	1	
			10030601	主母线			
				主母线伸缩节			
				主母线与发电机端连接件(含伸缩节)			
				主母线与主变压器连接件(含伸缩节)			
				主母线外壳伸缩节			
				分支母线(与励磁变、厂用变、PT 柜相连)			

续表

单位工程一级编码	分部工程二级编码	分项工程三级编码	单元工程四级编码	项目名称	单位	数量	备注
10 水电站机电设备安装工程	1003	100306		分支母线与励磁变、厂用变、PT柜连接件（含伸缩节）			
				支持钢构架预埋件制作及安装			
				支持钢构架（热镀锌）安装			
				安装检修平台制作安装			
				温度、湿度、压力监测装置			
		100307		3#发电机电压配电设备安装	套	1	
			10030701	发电机隔离开关（含电动操作机构）			
				18 kV厂用变压器（带外壳）			
				励磁变压器（带外壳）			
				电流互感器柜			
				电压互感器、避雷器柜			
		100308		3#发变组保护及机组现地控制单元	套	1	
			10030801	机组现地控制单元			
				发变组保护及故障录波系统			
		100309		3#主变压器安装	套	1	
			10030901	主变压器本体及附属设备安装			
				中心点接地平板母线			
				设备支架			
				变压器拉锚制作与安装			
				变压器监控电气设备安装			
				中心点电抗器安装			
		100310		3#机组自用电配电装置	套	1	
			10031001	0.4 kV动力分电箱或检修分电箱			
				动力、控制电缆及电线安装			

续表

单位工程一级编码	分部工程二级编码	分项工程三级编码	单元工程四级编码	项目名称	单位	数量	备注
10 水电站机电设备安装工程	1003	100311		机组调试试运行	项	1	
			10031101	无水联合调试			
				充水联合调试			
				72 小时试运行			
	1004			4#发电单元安装			
		100401		4#水轮机及其附属设备安装			
			10040101	尾水肘管制作	套	1	
				尾水肘管安装	套	1	
				尾水管锥管里衬安装	套	1	
				基础环安装	套	1	
				底环安装			
				座环现场加工、组装及安装	套	1	
				蜗壳安装	套	1	
				机坑里衬及接力器基础安装	套	1	
				尾水管及蜗壳排水盘型阀安装	套	3	
				顶盖安装	套	1	
				导水机构安装			
				接力器安装	套	1	
				水导轴承及附件安装	套	1	
				转轮安装	套	1	
				水轮机轴安装	套	1	
				主轴密封系统安装	套	1	
				导轴承供排油管路系统安装	套	1	
				主轴密封供、排水系统	套	1	

续表

单位工程一级编码	分部工程二级编码	分项工程三级编码	单元工程四级编码	项目名称	单位	数量	备注
10 水电站机电设备安装工程	1004	100401		机组检修密封系统	套	1	
				主轴自然补气装置及管道系统	套	1	
				顶盖排水系统	套	1	
				水力监视测量系统	套	1	
				单轨环形吊车	套	1	
				水轮机室照明系统	套	1	
				水轮机仪表盘及端子箱	套	1	
				自动化元件	套	1	
				电缆管	套	1	
		100402	4#水轮机调速系统安装				
			10040201	调速器电气部分安装	套	1	
				调速器机械液压部分安装	套	1	
				压力油罐安装	套	1	
				回油箱安装	套	1	
				油泵电动机	套	1	
				静电液压过滤循环装置	套	1	
				油压装置电气部分安装	套	1	
				自动化元件、仪器、仪表	套	1	
				调速系统管道及附件	套	1	
				冷却器	套	1	
				调速器测速及机械过速保护装置	套	1	
				电缆管	套	1	
				槽钢			
		100403	4#发电机及其附属设备安装				
			10040301	定子安装	套	1	

续表

单位工程一级编码	分部工程二级编码	分项工程三级编码	单元工程四级编码	项目名称	单位	数量	备注
10 水电站机电设备安装工程	1004	100403		转子安装	套	3	
				上、下端轴安装	套	1	
				下机架安装	套	1	
				上机架安装	套	1	
				推力轴承及上、下导轴承安装	套	1	
				上、下盖板安装	套	1	
				上导轴承油槽供、排油系统	套	1	
				推力轴承油槽供、排油系统	套	1	
				下导轴承油槽供、排油系统	套	1	
				推力轴承油冷却器系统	套	1	
				下导轴承油冷却器系统	套	1	
				上导轴承油冷却器系统	套	1	
				高压油减载装置安装	套	1	
				机械制动、顶起及粉尘吸收装置安装	套	1	
				发电机上端轴及集电环安装	套	1	
				机组总装轴线调整	套	1	
				发电机中性点接地装置安装	套	1	
				发电机空冷系统	套	1	
				水喷雾灭火系统	套	1	
				电加热器	套	1	
				发电机机坑照明系统	套	1	
				发电机功率变送器	套	1	
				发电机端子柜	套	1	
				发电机仪表盘	套	1	
				发电机中间端子箱	套	1	

续表

单位工程一级编码	分部工程二级编码	分项工程三级编码	单元工程四级编码	项目名称	单位	数量	备注
10 水电站机电设备安装工程	1004	100403		发电机振动及摆度传感器	套	1	
				温度传感器	套	1	
				发电机局部放电监测装置	套	1	
				发电机气隙监测装置	套	1	
				仪器、仪表及管道附件	套	1	
				明敷水管保温材料安装	套	1	
				电缆管　Φ50 mm及以下			
		100404		励磁系统安装及调试			
			10040401	励磁变压器及其附件			
				盘柜及电缆安装工程			
		100405		4#机组技术供水系统安装			
			10040501	滤水器　DN400,PN1.6			
				减压阀　DN400,PN1.6			
				电动阀门　DN400,PN1.6			
				手动阀门　DN400,PN1.6			
				电动阀门　DN150,PN1.6			
				手动阀门　DN350,PN1.6			
				手动阀门　DN125,PN1.6			
				手动阀门　DN100,PN1.6			
				手动阀门　DN65,PN1.6			
				截止阀　DN32,PN1.6			
				止回阀　DN32,PN1.6			
				过滤器　DN32,PN1.0			
				差压信号器　DN32,PN1.0			
				电磁阀　DN32,PN1.0			

续表

单位工程一级编码	分部工程二级编码	分项工程三级编码	单元工程四级编码	项目名称	单位	数量	备注
10 水电站机电设备安装工程	1004	100405		压力表　Y100,P1.0 MPa			
				压力变送器　Y100,P1.0 MPa			
				温度计　0~50 ℃			
				动力及控制盘　2 260×800×600			
				明敷钢管配安(各类规格)	项	1	
				埋设钢管配安(各类规格)	项	1	
				电缆管安装(各类规格)	项	1	
		100406	4#封闭母线安装工程				
			10040601	主母线			
				主母线伸缩节			
				主母线与发电机端连接件(含伸缩节)			
				主母线与主变压器连接件(含伸缩节)			
				主母线外壳伸缩节			
				分支母线(与励磁变、厂用变、PT 柜相连)			
				分支母线与励磁变、厂用变、PT 柜连接件(含伸缩节)			
				支持钢构架预埋件制作及安装			
				支持钢构架(热镀锌)安装			
				安装检修平台制作安装			
				温度、湿度、压力监测装置			
		100407	4#发电机电压配电设备安装				
			10040701	发电机隔离开关(含电动操作机构)			
				18 kV 厂用变压器(带外壳)			
				励磁变压器(带外壳)			
				电流互感器柜			
				电压互感器、避雷器柜			

续表

单位工程一级编码	分部工程二级编码	分项工程三级编码	单元工程四级编码	项目名称	单位	数量	备注
10 水电站机电设备安装工程	1004	100408		4#发变组保护及机组现地控制单元			
			10040801	机组现地控制单元			
				发变组保护及故障录波系统			
		100409		4#主变压器安装			
			10040901	主变压器本体及附属设备安装	套	1	
				中心点接地平板母线			
				设备支架			
				变压器拉锚制作与安装			
				变压器监控电气设备安装			
				中心点电抗器安装			
		100410		4#机组自用电配电装置	套	1	
			10041001	干式变压器			
				0.4 kV 低压开关柜			
				母线桥			
				0.4 kV 动力分电箱或检修分电箱			
				动力、控制电缆及电线安装			
				埋件(型钢、钢板)			
		100411		机组调试试运行	项	1	
			10041101	无水联合调试			
				充水联合调试			
				72 小时试运行			
	1005			5#发电单元安装			
		100501		5#水轮机及其附属设备安装			
			10050101	尾水肘管制作	套	1	

续表

单位工程一级编码	分部工程二级编码	分项工程三级编码	单元工程四级编码	项目名称	单位	数量	备注
10 水电站机电设备安装工程	1005	100501		尾水肘管安装	套	1	
				尾水管锥管里衬安装			
				基础环安装			
				底环安装			
				座环现场加工、组装及安装			
				蜗壳安装			
				机坑里衬及接力器基础安装			
				尾水管及蜗壳排水盘型阀安装			
				顶盖安装			
				导水机构安装			
				接力器安装			
				水导轴承及附件安装			
				转轮安装			
				水轮机轴安装			
				主轴密封系统安装			
				导轴承供排油管路系统安装			
				主轴密封供、排水系统			
				机组检修密封系统			
				主轴自然补气装置及管道系统			
				顶盖排水系统			
				水力监视测量系统			
				单轨环形吊车	套	1	
				水轮机室照明系统	套	1	
				水轮机仪表盘及端子箱	套	1	
				自动化元件	套	1	
				电缆管	套	1	

续表

单位工程一级编码	分部工程二级编码	分项工程三级编码	单元工程四级编码	项目名称	单位	数量	备注
10 水电站机电设备安装工程	1005	100502		5#水轮机调速系统安装	套	1	
			10050201	调速器电气部分安装	套	1	
				调速器机械液压部分安装	套	1	
				压力油罐安装	套	1	
				回油箱安装	套	1	
				油泵电动机	套	1	
				静电液压过滤循环装置	套	1	
				油压装置电气部分安装	套	1	
				自动化元件、仪器、仪表	套	1	
				调速系统管道及附件	套	1	
				冷却器			
				调速器测速及机械过速保护装置	套	1	
				电缆管	套	1	
				槽钢			
		100503		5#发电机及其附属设备安装			
			10050301	定子安装	套	1	
				转子安装	套	1	
				上、下端轴安装	套	1	
				下机架安装	套	1	
				上机架安装	套	1	
				推力轴承及上、下导轴承安装	套	1	
				上、下盖板安装	套	1	
				上导轴承油槽供、排油系统	套	1	
				推力轴承油槽供、排油系统	套	1	
				下导轴承油槽供、排油系统	套	1	

续表

单位工程一级编码	分部工程二级编码	分项工程三级编码	单元工程四级编码	项目名称	单位	数量	备注
10 水电站机电设备安装工程	1005	100503		推力轴承油冷却器系统	套	1	
				下导轴承油冷却器系统	套	1	
				上导轴承油冷却器系统	套	1	
				高压油减载装置安装	套	1	
				机械制动、顶起及粉尘吸收装置安装	套	1	
				发电机上端轴及集电环安装	套	1	
				机组总装轴线调整	套	1	
				发电机中性点接地装置安装	套	1	
				发电机空冷系统	套	1	
				水喷雾灭火系统	套	1	
				电加热器	套	1	
				发电机机坑照明系统	套	1	
				发电机功率变送器	套	1	
				发电机端子柜	套	1	
				发电机仪表盘	套	1	
				发电机中间端子箱	套	1	
				发电机振动及摆度传感器	套	1	
				温度传感器	套	1	
				发电机局部放电监测装置	套	1	
				发电机气隙监测装置	套	1	
				仪器、仪表及管道附件	套	1	
				明敷水管保温材料安装	套	1	
				电缆管 Φ50 mm 及以下			
		100504	5#励磁系统安装及调试		套	1	
			10050401	励磁变压器及其附件			
				盘柜及电缆安装工程			

续表

单位工程一级编码	分部工程二级编码	分项工程三级编码	单元工程四级编码	项目名称		单位	数量	备注
10 水电站机电设备安装工程	1005	100505		5#机组技术供水系统安装		套	1	
			10050501	滤水器	DN400,PN1.6			
				减压阀	DN400,PN1.6			
				电动阀门	DN400,PN1.6			
				手动阀门	DN400,PN1.6			
				电动阀门	DN150,PN1.6			
				手动阀门	DN350,PN1.6			
				手动阀门	DN125,PN1.6			
				手动阀门	DN100,PN1.6			
				手动阀门	DN65,PN1.6			
				截止阀	DN32,PN1.6			
				止回阀	DN32,PN1.6			
				过滤器	DN32,PN1.0			
				差压信号器	DN32,PN1.0			
				电磁阀	DN32,PN1.0			
				压力表	Y100,P1.0MPa			
				压力变送器	Y100,P1.0MPa			
				温度计	0～50 ℃			
				动力及控制盘	2 260×800×600			
				明敷钢管配安(各类规格)		项	1	
				埋设钢管配安(各类规格)		项	1	
				电缆管安装(各类规格)		项	1	
		100506		封闭母线安装工程		套	1	
			10050601	主母线				
				主母线伸缩节				

续表

单位工程一级编码	分部工程二级编码	分项工程三级编码	单元工程四级编码	项目名称	单位	数量	备注
10 水电站机电设备安装工程	1005	100506		主母线与发电机端连接件(含伸缩节)			
				主母线与主变压器连接件(含伸缩节)			
				主母线外壳伸缩节			
				分支母线(与励磁变、厂用变、PT 柜相连)			
				分支母线与励磁变、厂用变、PT 柜连接件(含伸缩节)			
				支持钢构架预埋件制作及安装			
				支持钢构架(热镀锌)安装			
				安装检修平台制作安装			
				温度、湿度、压力监测装置			
		100507		5#发电机电压配电设备安装	套	1	
			10050701	发电机隔离开关(含电动操作机构)			
				18 kV 厂用变压器(带外壳)			
				励磁变压器(带外壳)			
				电流互感器柜			
				电压互感器、避雷器柜			
		100508		5#发变组保护及机组现地控制单元	套	1	
			10050801	机组现地控制单元			
				发变组保护及故障录波系统			
		100509		5#主变压器安装	套	1	
			050901	500 kV 主变压器及附属设备			
				中性点接地平板铝母线			
				设备支架制作安装			
				变压器拉锚制作与安装			
		100510		5#机组自用电配电装置	套	1	

续表

单位工程一级编码	分部工程二级编码	分项工程三级编码	单元工程四级编码	项目名称	单位	数量	备注
10 水电站机电设备安装工程	1005	100510	10051001	干式变压器			
				0.4 kV 低压开关柜			
				母线桥			
				0.4 kV 动力分电箱或检修分电箱			
				动力、控制电缆及电线安装			
				埋件(型钢、钢板)			
		100511		机组启动试运行	项	1	
			10051101	无水联合调试			
				充水联合调试			
				72 小时试运行			
	1006			起重设备安装工程			
		100601		主厂房 1#桥机	套	1	
			10060101	机械部分安装			
				电气部分安装			
				负荷试验			
		100602		主厂房 2#桥机	套	1	
			10060201	机械部分安装			
				电气部分安装			
				负荷试验			
		100603		主厂房桥机滑触线安装	套	1	
			10060301	滑触线及支架安装			
				支架接地系统安装			
		100604		主厂房桥机轨道及阻进器安装	套	1	
			10060401	阻进器安装			

续表

单位工程一级编码	分部工程二级编码	分项工程三级编码	单元工程四级编码	项目名称	单位	数量	备注
10 水电站机电设备安装工程	1006	100604		轨道安装			
		100605		GIS 室桥机及附属设备安装	套	1	
			10060501	10 t 桥机机械部分安装			
				10 t 桥机电气部分安装			
				负荷试验			
		100606		GIS 室桥机轨道及阻进器安装	套	1	
			10060601	阻进器安装			
				滑触线安装			
				轨道安装			
	1007			机组辅助设备安装			
		100701		压缩空气系统安装	套	1	
			10070101	中压空压机(带冷干机) $P=7$ MPa; $Q=2$ m^3/min	台	2	
				低压空压机　$P=0.8$ MPa; $Q=10$ m^3/min	台	1	
				低压空压机　$P=0.8$ MPa; $Q=3$ m^3/min	台	2	
				移动式低压空压机 $P=0.8$ MPa; $Q=1$ m^3/min	台	3	
				中压贮气罐　$P=6.9$ MPa; $V=4$ m^3	个	2	
				低压贮气罐　$P=0.8$ MPa; $V=3$ m^3	个	1	
				低压贮气罐　$P=0.8$ MPa; $V=6$ m^3	个	3	
				气管路及阀门配安	项	1	
				电缆管	项	1	
				动力及控制系统	项	1	
				压力表、压力变送器调试、试验及安装	项	1	

续表

单位工程一级编码	分部工程二级编码	分项工程三级编码	单元工程四级编码	项目名称	单位	数量	备注
10 水电站机电设备安装工程	1007	100701		基础槽钢安装	项	1	
				油漆	项	1	
		100702	透平油系统安装				
			10070201	厂内18 m^3油罐制作	个	2	
				厂内25 m^3油罐制作	个	4	
				室内油罐(带液位计)安装　25 m^3	个	4	
				室内油罐(带液位计)安装　18 m^3	个	2	
				齿轮油泵 $Q=18\ m^3/h$; $P=0.36$ MPa	台	4	
				压力滤油机　$Q=150$ L/min	台	3	
				透平油过滤机　$Q=9\ 000$ L/h	台	2	
				油罐呼吸器　20 L	个	4	
				油罐呼吸器　15 L	个	2	
				烘箱　5.0 kW	台	3	
				移动式油车　0.5 m^3	台	1	
				潜油泵	台	1	
				阀门、管道及其附件	项	1	
				压力表	块	2	
				验油旋塞　DN10 mm,PN1.0 MPa	个	18	
		100703	绝缘油系统安装		套	1	
			10070301	厂内50 m^3油罐制作	个	4	
				室内油罐(带液位计)安装　50 m^3	个	4	
				齿轮油泵 $Q=18\ m^3/h$; $P=0.36$ MPa	台	3	
				压力滤油机　$Q=150$ L/min	台	1	
				移动式油车　0.5 m^3	台	1	

续表

单位工程一级编码	分部工程二级编码	分项工程三级编码	单元工程四级编码	项目名称	单位	数量	备注
10 水电站机电设备安装工程	1007	100703		真空滤油机　$Q=9\ 000$ L/h	台	1	
				高真空滤油机　$Q=9\ 000$ L/h	台	2	
				油罐呼吸器　20 L	个	8	
				烘箱　5.0 kW	台	1	
				潜油泵	台	1	
				阀门、管道及其附件	项	1	
				压力表	块	1	
				验油旋塞　DN10 mm,PN1.0 MPa	个	4	
		100704		水力监视测量系统安装			
			10070401	水位计	套	8	
				超声波流量计	套	5	
				管道、管道支架及其附件安装	项	1	
				电缆管	m	500	
		100705		厂内排水系统安装	套	1	
			10070501	机组检修排空钢管Φ1 500×10 mm 制作			
				机组检修排空钢管Φ1 500×10 mm 安装			
				深井水泵　$Q=550\ m^3/h; H=81\ m$	台	3	
				深井水泵　$Q=1\ 000\ m^3/h; H=87\ m$	台	6	
				潜水排污泵　$Q=150\ m^3/h; H=85\ m$	台	2	
				液位变送器	个	4	
				止回阀　静音式 PN16 MPa,DN400 mm	个	5	
				止回阀　静音式 PN16 MPa, DN300 mm	个	3	
				止回阀　静音式 PN16 MPa, DN200 mm	个	2	
				手动闸阀　Z45T－16　DN400	个	5	
				手动闸阀　Z45T－16　DN300	个	3	

续表

单位工程一级编码	分部工程二级编码	分项工程三级编码	单元工程四级编码	项目名称	单位	数量	备注
10 水电站机电设备安装工程	1007	100705		手动闸阀　Z45T－16　DN200	个	2	
				压力表　Y100	个	20	
				电磁阀　DN15 mm，PN1.6 MPa	个	8	
				截止阀　DN80 mm，PN1.6 MPa	个	2	
				截止阀　DN50 mm，PN1.6 MPa	个	1	
				截止阀　DN25 mm，PN1.6 MPa	个	10	
				截止阀　DN15 mm，PN1.6 MPa	个	18	
				渗漏排水动力及控制盘	套	1	
				机组检修排水动力及控制盘	套	1	
				管道配制，管道、管道附件及后置式支架安装	项	1	
				基础槽钢安装	项	1	
				电缆管安装	项	1	
		100706	厂房周围排水系统安装				
			10070601	潜水泵　WQ400－100－250	台	2	
				潜水泵　WQ500－75－200	台	4	
				潜水泵　WQ450－50－160	台	2	
				潜水泵　WQS150－100－115	台	4	
				单轨电动葫芦　起重量 5 t，起升高度 9 m	台	3	
				单轨电动葫芦　起重量 10 t，起升高度 9 m	台	1	
				液位变送器	个	4	
				阀门及管道配安	项	1	
				压力表	个	4	
				排水动力及控制盘	套	4	
				基础槽钢安装	项	1	
				其他型钢安装	t	0.5	

续表

单位工程一级编码	分部工程二级编码	分项工程三级编码	单元工程四级编码	项目名称	单位	数量	备注
10 水电站机电设备安装工程	1008	生活给排水系统安装(按部位填入相关内容)					
		100801		移动式卫生间	套	1	
		100802		污水处理设备　MDS－1.0	套	1	
		100803		污水处理设备　MDS－0.5	套	1	
		100804		蹲式大便器	套	8	
		100805		污水池	套	10	
		100806		洗脸盆	套	3	
		100807		小便器	套	4	
		100808		排水检查井　Φ700～Φ1 000	座	10	
		100809		ABS 塑钢管配安(各类规格)	项	1	
		100810		阀门安装(各类规格)	项	1	
		100811		钢材	t	3	
		100812		其他(仪表等)	个	10	
	1009	通风及空气调节系统					
		100901		风冷冷水机组	台	3	
		100902		整体式机房专用空调机	台	2	
		100903		户式中央空调机组	套	2	
		100904		分体热泵式空调器	台	10	
		100905		吊顶柜式风机盘管机组	台	15	
		100906		组合式空调器	组	2	
		100907		电子水除垢过滤器	台	4	
		100908		单级管道离心泵	台	4	
		100909		离心风机	台	5	

续表

单位工程一级编码	分部工程二级编码	分项工程三级编码	单元工程四级编码	项目名称	单位	数量	备注
10 水电站机电设备安装工程	1009	100910		轴流排烟风机	台	1	
		100911		混流排烟风机	台	1	
		100912		轴流风机　T35 – 11№6.3	台	7	
		100913		轴流风机　T35 – 11№3.55	台	5	
		100914		轴流风机　T35 – 11№3.15	台	20	
		100915		轴流风机　T35 – 11№2.8	台	1	
		100916		轴流风机　T35 – 11№3.55	台	2	
		100917		轴流风机　T35 – 11№6.3	台	10	
		100918		轴流风机　T35 – 11№8	台	3	
		100919		轴流风机　T35 – 11№10	台	3	
		100920		轴流风机　T35 – 11№7.1	台	5	
		100921		防爆轴流风机　BT35 – 11№6.3	台	1	
		100922		防爆轴流风机　BT35 – 11№3.55	台	5	
		100923		妥思风口	个	36	
		100924		各类消音器	个	20	
		100925		移动式除湿机　CWF5D	台	40	
		100926		除湿机　CFTZ20 G = 20kg/h	台	2	
		100927		手(电)动防雨百叶窗	档	150	
		100928		各类防火阀	个	100	
		100929		各类风口	个	300	
		100930		各类板式排烟口	个	100	
		100931		各类型钢	t	20	
		100932		钢管(各类)	项	1	
		100933		保温工程	项	1	
		100934		玻璃钢风管	t	100	

续表

单位工程一级编码	分部工程二级编码	分项工程三级编码	单元工程四级编码	项目名称	单位	数量	备注
10 水电站机电设备安装工程	1009	100935		电动蝶阀 DN200,PN1.0 MPa	个	5	
		100936		电动蝶阀 DN350,PN1.0 MPa	个	2	
		100937		蝶阀 DN350,PN1.0 MPa	个	2	
		100938		蝶阀 DN200,PN1.0 MPa	个	30	
		100939		蝶阀 DN150,PN1.0 MPa	个	10	
		100940		截止阀 DN50～DN100,PN1.0 MPa	个	50	
		100941		截止阀 DN15～DN50,PN1.0 MPa	个	30	
		100942		止回阀 DN200,PN1.0 MPa	个	4	
		100943		浮球阀 DN25,PN1.0 MPa	个	4	
		100944		自动放气阀 DN25,PN1.0 MPa	个	30	
		100945		各类仪表等	个	100	
		100946		膨胀水箱	套	2	
		100947		补水箱	套	2	
		100948		监控主站	套	1	
		100949		现地控制盘	块	26	
		100950		风机控制箱	个	54	
		100951		母线的防结露设备	套	1	
		100952		空气压缩机动 15 m^3/h,$P=0.7$ MPa	台	2	
		100953		冷干机(与空压机配套)	台	2	
		100954		储气罐 5 m^3	个	2	
		100955		电动蝶阀 DN200	个	5	
		100956		截止阀 DN50	个	20	
		100957		监测、控制设备	套	1	
		100958		电缆管	m	2 600	
		100959		通风空调系统调试	项	1	

续表

单位工程一级编码	分部工程二级编码	分项工程三级编码	单元工程四级编码	项目名称	单位	数量	备注
10 水电站机电设备安装工程	1009	100960		通风空调系统计算机监控系统调试	项	1	
	1010	引水发电消防系统安装					
		101001	公用消防系统安装				
			10100101	消防车库　　砖混结构	m^2	100	
				消防车　　重型车	辆	2	
				钢筋混凝土水池　　200[#]～300[#]混凝土	座	2	
				钢筋混凝土水池　　200[#]～300[#]混凝土	座	1	
				泵房　　砖混结构	座	1	
				清水泵	台	4	
				单梁式起重机	台	1	
				防火涂料	t	10	
				阀门　　DN100	个	20	
				阀门　　DN150	个	5	
				阀门　　DN200	个	10	
				阀门　　DN300	个	10	
				阀门　　DN400	个	5	
				阀门　　DN500	个	3	
				阀门　　DN600	个	5	
				管道配制及安装	项	1	
				阀门井	个	10	
		101002	电站消防（包括厂房、进水口、变电所）				
			10100201	防火涂料	t	1.5	
				防火涂料	t	3.0	
				室外消火栓	套	10	

续表

单位工程一级编码	分部工程二级编码	分项工程三级编码	单元工程四级编码	项目名称	单位	数量	备注
10 水电站机电设备安装工程	1010	101002		室内消火栓箱	套	50	
				防毒面具	套	25	
				推车式灭火器	套	10	
				手提式灭火器	套	110	
				砂箱	个	10	
				机组灭火装置	套	5	
				水雾喷头	个	850	
				雨淋阀组　DN300,PN1.0 MPa	个	5	
				雨淋阀组　DN150,PN1.6 MPa	个	5	
				雨淋阀组　DN125,PN1.6 MPa	个	2	
				减压阀(带安全阀)　DN200,PN1.6 MPa	个	2	
				止回阀　DN200,PN1.6 MPa	个	4	
				手动蝶阀　DN300,PN1.0 MPa	个	11	
				手动蝶阀　DN200,PN1.6 MPa	个	9	
				手动蝶阀　DN150,PN1.6 MPa	个	5	
				手动蝶阀　DN125,PN1.6 MPa	个	2	
				手动蝶阀　DN50,PN1.6 MPa	个	1	
				压力表　Y100,0～1.6 MPa	个	43	
				压力表　Y100,0～1.0 MPa	个	5	
				明敷无缝钢管配安(各类规格)	项	1	
				埋设无缝钢管配安(各类规格)	项	1	
	1011	升压变电电气设备安装工程					
		101101		500 kV GIS 封闭式组合电器安装	套	1	

续表

单位工程一级编码	分部工程二级编码	分项工程三级编码	单元工程四级编码	项目名称	单位	数量	备注
10 水电站机电设备安装工程	1011	101101	10110101	断路器进线间隔			
				断路器母联间隔			
				断路器出线间隔			
				PT 及避雷器间隔			
				SF_6管道母线			
				SF_6空气套管			
				整套配电装置支撑架（含检修平台、电缆线槽及托架等）安装			
				整套配电装置控制测量设备（含端子箱、汇控柜、控制箱、连接电缆等）			
		101102		500 kV 敞开式出线站设备安装	套	1	
			10110201	变电所出线构架制作			
				变电所出线构架安装			
				变电所电气设备支柱制作			
				变电所电气设备支柱安装			
				500 kV 避雷器	台	6	
				500 kV 阻波器（带支柱绝缘子）	台	6	
				500 kV 电容式电压互感器	台	6	
				结合滤波器	套	2	
				软导线（含线夹、间隔棒、芯棒等）	m	360	
	1012			厂用电系统及电缆安装工程			
		101201		厂内 10 kV 配电系统	套	1	
			10120101	10 kV 高压开关柜			
				10 kV 负荷开关柜			

续表

单位工程一级编码	分部工程二级编码	分项工程三级编码	单元工程四级编码	项目名称	单位	数量	备注
10 水电站机电设备安装工程	1012	101201		母线桥			
				动力、控制电缆及电线安装			
				埋件（型钢、钢板）			
		101202		大坝 10 kV 配电系统	套	1	
			10120201	10 kV 高压开关柜			
				10 kV 负荷开关柜			
				母线桥			
				动力、控制电缆及电线安装			
				埋件（型钢、钢板）			
		101203		1#厂内 0.4 kV 公用电配电装置	套	1	
			10120301	干式变压器			
				0.4 kV 低压开关柜			
				母线桥			
				0.4 kV 动力分电箱或检修分电箱			
				动力、控制电缆及电线安装			
				埋件（型钢、钢板）			
		101204		2#厂内 0.4 kV 公用电配电装置	套	1	
			10120401	干式变压器			
				0.4 kV 低压开关柜			
				母线桥			
				动力、控制电缆及电线安装			
				埋件（型钢、钢板）			
		101205		厂内照明用电配电装置	套	1	
			10120501	干式变压器			
				0.4 kV 低压开关柜			

续表

单位工程一级编码	分部工程二级编码	分项工程三级编码	单元工程四级编码	项目名称	单位	数量	备注
10 水电站机电设备安装工程	1012	101205		母线桥			
				0.4 kV 照明分电箱			
				动力、控制电缆及电线安装			
				埋件(型钢、钢板)			
		101206		500 kV 变电所用电配电装置	套	1	
			10120601	干式变压器			
				0.4 kV 低压开关柜			
				母线桥			
				0.4 kV 动力分电箱或检修分电箱			
				动力、控制电缆及电线安装			
				埋件(型钢、钢板)			
		101207	10120701	进水口用电配电装置	套	1	
				干式变压器			
				0.4 kV 低压开关柜			
				母线桥			
				0.4 kV 动力分电箱或检修分电箱			
				动力、控制电缆及电线安装			
				埋件(型钢、钢板)			
		101208		尾水用电配电装置	套	1	
			10120801	干式变压器			
				0.4 kV 低压开关柜			
				母线桥			
				0.4 kV 动力分电箱或检修分电箱			
				动力、控制电缆及电线安装			
				埋件(型钢、钢板)			

续表

单位工程一级编码	分部工程二级编码	分项工程三级编码	单元工程四级编码	项目名称	单位	数量	备注
10 水电站机电设备安装工程	1012	101209		全厂电缆桥架安装工程	t	150	
		101210		电气埋管安装			
			10121001	埋管　Φ100	m	2 000	
				埋管　Φ80	m	2 000	
				埋管　Φ50	m	3 500	
				埋管　Φ40	m	3 000	
				埋管　Φ32	m	2 400	
				埋管　Φ25	m	3 000	
		101211		全厂照明安装工程			
			10121101	大型吸顶式工矿灯	套	190	
				隧道照明灯	套	150	
				公路灯	套	40	
				投光灯(含金卤灯泡和附件)	套	10	
				嵌入式隔栅双管日光灯	套	300	
				吸顶式隔栅双管日光灯	套	300	
				普通型双管日光灯	套	200	
				壁灯	套	650	
				吸顶灯	套	200	
				应急标志灯 8 ~ 18 W	套	100	
				防水防爆型壁灯 26 W	套	150	
				防水防潮吸顶灯	套	400	
				地角灯 40 W(事故照明)	套	620	
				单联单控平板开关	个	600	
				单联双控平板开关	个	200	
				双联单控平板开关	个	500	

续表

单位工程一级编码	分部工程二级编码	分项工程三级编码	单元工程四级编码	项目名称	单位	数量	备注
10 水电站机电设备安装工程	1012	101211		双联双控平板开关	个	200	
				单相三极插座	个	150	
				三相四级插座	个	70	
		101212		接地工程安装	项	1	
			10121201	接地扁钢、圆钢、钢管、型钢等	t	80	
				接地扁铜	t	2	
	1013			电站二次设备安装			
		101301		电站保护系统及故障录波装置安装			
			10130101	500 kV 开关站保护及故障录波系统安装	套	1	
				基础槽钢安装	项	1	
		101302		电站计算机监控系统安装	套	1	
			10130201	主控级设备安装	套	1	
				公用设备现地控制单元(含远程 I/O)	套	1	
				500 kV 变电所现地控制单元(含远程 I/O)	套	1	
				水煤气管、基础槽钢及其他附件	项	1	
				报价系统	套	1	
				RTU 盘	套	1	
				远动通信工作站	套	1	
				电能计量计费厂站系统	套	1	
				电力调度数据网络接入设备系统	套	1	
				水调自动化分站系统	套	1	
		101303		操作电源系统安装			
			10130301	机组及公用设备操作电源安装	套	1	
				500 kV 开关站操作电源安装	套	1	
				UPS 电源系统安装	套	1	
		101304		控制电缆安装工程	m		

续表

单位工程一级编码	分部工程二级编码	分项工程三级编码	单元工程四级编码	项目名称	单位	数量	备注
10 水电站机电设备安装工程	1014	电站消防报警及联动控制系统安装					
		101401		接线盒及分线盒	个	600	
		101402		水煤气管	m	800	
		101403		金属线槽(含弯头、盖板及附件等)	km	4	
		101404		金属线槽(含弯头、盖板及附件等)	km	10	
		101405		金属软管及附件	km	4	
		101406		槽钢	m	40	
		101407		安装及调试配合	项	1	
		101408		工业电视和电站通信系统安装			
	1015	电站工业电视系统安装					
		101501		接线盒及分线盒安装	个	200	
		101502		水煤气管	m	2 000	
		101503		金属线槽(含弯头、盖板及附件等)	km	5	
		101504		金属线槽(含弯头、盖板及附件等)	km	3	
		101505		金属软管及附件	m	1 000	
		101506		PVC 管	m	2 000	
		101507		其他(固定件、连接件、接头等)	套	1	
		101508		槽钢	m	20	
	1016	电站通信系统安装			套	1	
		101601		电力系统通信	项	1	
		101602		光纤通信	项	1	
		101603		电力线载波通信	项	1	
		101604		枢纽通信设备	项	1	
		101605		行政通信	项	1	

续表

单位工程一级编码	分部工程二级编码	分项工程三级编码	单元工程四级编码	项目名称	单位	数量	备注
10 水电站机电设备安装工程	1016	101606		调度通信	项	1	
		101607		与110 kV施工通信	项	1	
		101608		与业主营地的通信	项	1	
		101609		通信电源	项	1	
		101610		施工期800 MHz集群系统改造	项	1	
		101611		配线及附属设备	项	1	
	1017	电梯					
		101701		电梯埋件制作与埋设	台/套	2	
		101702		电梯本体安装	台	2	

参考文献

[1] 李武伦. 建设合同管理与索赔[M]. 郑州:黄河水利出版社,2002.

[2] 陈贤桂. 水口水电站建设管理的实践与探讨[J]. 水力发电,1993(12):4-7.

[3] 王音辉. FIDIC 合同条件下的工程师[J]. 水力发电,1997(8):12-17.

[4] 林秀山. 浅谈合同特别条件下的当地材料和当地劳务[C]//黄河小浪底建设管理文集. 北京:中国水利水电出版社,1997.

[5] 水利部小浪底水利枢纽建设管理局. 具有中国特色的国际工程管理[C]//黄河小浪底建设管理文集. 北京:中国水利水电出版社,1997.

[6] 匡林生. 施工组织设计在招投标设计工程中的重要性[J]. 水利水电技术,1990(5):5-9.

[7] 王音辉. 国际合同中的变更、索赔和争议[J]. 水力发电,1998(7):4-7.

[8] 谢新鉴. 二滩水电站土建工程国际合同实施中若干问题的反思[J]. 水力发电,1998(7):4-7.

[9] 彼德. H. J 查普曼. 建筑施工争议评审团[J]. 四川水力发电,1997(A12):59-64.

[10] 尹贻林. 工程合同管理[M]. 北京:中国人民大学出版社, 1999.

[11] 谢新鉴. 二滩水电站建设的项目管理[J]. 水力发电,1997(8):18-20.

[12] 梁健. 国际工程施工索赔[M]. 北京:中国建筑工业出版社,1996.

[13] 王咸儒. 小浪底水利枢纽土建工程国际招标资格预审[C]//黄河小浪底建设管理文集. 北京:中国水利水电出版社,1997.

[14] 吕文学. 联营体合同条款分析[J]. 中国港湾建设,1999(2):48-53.

[15] 李武伦. 对国际招标项目合同管理的认识和讨论[C]//黄河小浪底建设管理文集. 北京:中国水利水电出版社,1997.

[16] 何有源. 合同与合同风险分析[C]//黄河小浪底建设管理文集. 北京:中国水利水电出版社,1997.

[17] 丁晓明. FIDIC 条件下劳务调差及其引起的索赔[J]. 人民黄河,2000(1):39-41.

[18] 国际咨询工程师联合会(FIDIC). 土木工程施工合同条件应用指南[M]. 季小弟,周可荣,等译. 北京:航空工业出版社,1991.

[19] 陈汉文. 国外施工设备小时费用计算简介[J]. 水利水电工程造价,1995(3):56-59.

[20] 陈汉文. 国外施工设备小时费用计算简介(续)[J]. 水利水电工程造价,1995(4):49-53.

[21] 承包商主要的索赔项目(二)——变更[EB/OL]. 2003-04-05. http://www.chnhighway.com.

[22] Lubuge Hydroelectric Project Tender and Contract Documents, Contract No. lub/c1. Kunming Hydroelectric Investigation and Design Institute with Consultation by: Snowy Mountains Engineering Corporation.

[23] Ertan Hydroelectric Project Tender Documents For Lot1, Lot2. Prepared by: Chengdou Hydroelectric Investigation and Design Institute with Consultation by: Harza Engineering Company International.

[24] Xiaolangdi Multipyrpose Dam Project Tender Documents For Lot1, Lot2, Lot3. Prepared by: Reconnaissance ,Planning & Design Institute(RPDI) Yellow River Conservancy Commission (YRCC) Consultation:CIPM Yellow Joint Venture Montreal, Quebec, Canada.

[25] International Treads in Building and Construction Research,Journal of Construction Engineering and Management,Vol. 123,No. 2,June 1997, Wim Backens.

[26] C. william Ibbs,"Quantitative Impacts of Project Change: Size Issues", Journal of Construction Engineering and Management, ASC, 123(3),308-311/1997. 9.

[27] Delay Claims in U. K. Contracts Journal of Construction Engineering and Management,Vol. 123,No. 3 September 1997, Stephen scott.

后 记

本人很有幸大学毕业工作参与的第一个大型工程项目是黄河小浪底水利枢纽工程。时逢国家水利水电开发建设的鼎盛时期，长江三峡工程、黄河小浪底水利枢纽工程等相继建成，全国大江大河全面规划、梯级建设综合开发。中国由此走入世界水电大国行列！水利水电技术国际领先！南水北调、河湖连通，修路架桥筑坝，高峡平湖，无限风光！踏遍青山大川，大坝高耸，银线飞架，点亮万家灯火！

水利水电枢纽工程大多地处高山峡谷，气象水文、地形地质条件复杂，工程投资规模大，建设周期长，受诸多不确定因素影响，项目进度、质量、投资、安全目标管理难度大，项目风险众多。随着我国经济体制改革的不断深入，基本建设体制由过去传统的行政管理方式，逐步转变为市场竞争方式，尤其在水利水电建设市场，全面实行了项目业主法人制、工程招标投标制，项目建设监理制的基本建设管理体制。项目设计、施工、监理、业主参建各方相互制约，政府监督管理。自实行改革开放以来，通过鲁布革水电站、雅砻江二滩水电站和黄河小浪底水利枢纽工程等工程建设体制改革里程碑式工程项目管理实践，学习借鉴国外先进的管理理念和方式，引进国际通用的项目合同管理模式，按照 FIDIC 合同条件，探索与国际接轨的工程项目合同管理。基本建设体制发生了根本性变革，大中型基础设施项目(包括水利水电工程建设)的项目管理水平得到了很大的提高。

水利水电工程项目生命周期中，从项目策划选址、项目建议书、可行性研究、初步设计、项目招标、施工建设、项目竣工验收、试运行管理到项目后评估等，在不同项目周期阶段，影响项目的关键因素和阶段目标有所不同。在项目建设实施过程中，水文气象、地形地质、业主供应条件、场内外交通条件、当地供应条件、社会环境条件等的改变，可能影响项目工期和投资目标的实现，分析关键因素是项目发生重大变更和索赔事件。项目管理的核心是在确保工程质量与安全目标实现的前提下，确保合同工期和投资控制目标的管理。探索分析工程变更主、客观条件变化对项目工期目标、项目费用目标的影响，建立变更索赔管理评价程序，探索分析评价处理方法和手段，对项目管理目标的实现至关重要。本书通过参与大中型水利水电工程项目管理实践，初步总结分析成果，可以为从事大中型基础设施建设和水利水电工程项目建设合同管理人员，尤其对工程变更索赔管理人员提供借鉴；同时对项目建设业主和项目咨询监理人员从事项目合同管理，具有实际参考价值。

本书的撰写,得到了清华大学曹德成教授和黄河勘测规划设计有限公司林秀山教授级高工的悉心指导,导师严谨的学风、博学的知识、真诚的帮助,使本人受益匪浅,在此诚挚致谢。另外,本书参考引用了相关文献资料数据,在此一并致谢。撰写中得到了公司领导同事、曾经共同参与项目建设管理实践的各界同仁的热情鼓励、真诚帮助和鼎力支持,在此谨致谢意!感谢我的家人无微不至的关怀和支持!感谢所有帮助过我的人们!

随着中国实施"一带一路"产能合作走出去战略,在海外基础设施领域和水利水电建设行业规模也在不断发展壮大,项目管理模式和项目信息化管理不断创新发展。由于本人学识和水平有限,对项目管理实践认识还存在局限性,书中难免存在不足之处,恳请读者批评指正。

胡鑫凡
2016年5月